阪南大学叢書131

非対称競争下
における
競争戦略

重谷陽一
Yoichi Shigetani

寡占市場でLCCはいかに生き残ったのか

**Strategic Management under
Asymmetric Competition:**
How Low Cost Carriers Survived
in the Oligopoly Market

文理閣

はじめに

　本研究の目的は航空旅客輸送事業の例を用いて非対称競争下の後発企業の最適な競争戦略を探ることである。本研究で取り扱う「非対称競争」とは航空業界のように寡占化が進行した業界に頻繁に発生する市場環境で、資本力、ブランド力、技術力、市場シェアなどで先発企業が一方的に優勢で後発企業の生殺与奪権を握っている状態である。そのような状態では通常の市場環境での競争上の優位が必ずしも優位になるとは限らず、逆に競争上の劣位が必ずしも劣位になるとは限らない。本研究では航空旅客輸送事業におけるLCC（Low Cost Carrier：低価格航空会社）とFSC（Full Service Carrier：既存航空会社）の競争を事例として、非対称競争下で後発企業が持続的にビジネスを継続していくために必要な「非対称競争下での競争優位」を導き出し、後発企業のとるべき競争戦略を提案した。

　第1章で「通常の競争環境での競争優位は非対称競争下では本当に競争優位となりえるのか」という本研究のリサーチクエスチョンを提示した。

　第2章ではLCCの歴史、ビジネスモデルとそのバックグラウンドをひも解き、本研究での議論の前提となる航空旅客輸送事業の市場環境やLCCのビジネスモデルの特異性を提示した。LCCのビジネスモデルは「単一機材・短距離運航・低価格片道料金・モノクラス・ノーフリルサービス」によってコストを抑え、価格弾力性の高い旅客を取り込むというものであった（遠藤・寺田 2010, p.33）。しかし、LCCは「3つの基本戦略」（Porter, 1980）の「コストリーダーシップ戦略」ではない。コストリーダーシップ戦略には競争相手よりも高いシェアを持つか生産財を安く仕入れられるなどの優位性が必要とされる（Porter 1980, p.36）が、LCCは市場シェアも低く、生産財もFSCより格段安く仕入れられていることもない。LCCのビジネスモデルは「短距離を直行便で短時間で移動する」という限定した需要に対応する「集中戦略」で、「単一機材・短距離運航・低価格片道料金・モノクラス・ノーフリルサービス」というビジネスモデルはその需要に適合した結果である。

　第3章では後発企業であるLCCの低コストを実現するオペレーションに

ついての理論的背景を探った。LCC が低コストを実現する仕組みは顧客ニーズの多様性に着目し、その多様性全てに対応しようとするのではなく、コスト削減と両立するニーズを持った顧客（低価格で迅速に移動することだけを望む顧客）に集中することで顧客を選別し、オペレーションの多様性と不確実性を減らすことでコスト削減を実現することである。

第 4 章ではプロダクト戦略の観点から LCC の競争戦略を述べた。資本力に劣る LCC は FSC と正面から競争すればその資本力によって圧倒されてしまうことは明白である。そのため、LCC は FSC と全く違うプロダクトを提供することで、FSC があまり重要と認識していない（積極的にターゲットとしていない）顧客セグメントに特化することで FSC との競争を避けて FSC と共存可能を果たしている。

第 5 章では非対称競争下における後発企業のプライシング戦略を先発企業の価格と両者の投入生産量から導き出すモデルを作成した。先発企業にとって参入阻止行動が合理的な選択でなくなる生産量と価格を導き出すモデルを作成し、日本の事例をもとにそのモデルの妥当性を検証した。

第 6 章では非対称競争下における先発企業の参入阻止行動の発動要件について先発企業と後発企業のロードファクター、総顧客数と後発企業の価格を所与としてモデル化を試みた。また、先発企業が短期的な自社の採算を度外視して破滅的価格（Cut Throat Price）をとってでも後発企業の参入を阻止するケースについて、日本の事例をもとにそのモデルの妥当性を検証した。

第 7 章では本研究で事例として扱ってきた LCC の発展型である中長距離 LCC について論じた。LCC の基本的なビジネスモデル（サウスウエストモデル）は短距離運航を前提に作られたモデルであったが、一部の LCC は中長距離路線にも進出している。中長距離 LCC は短距離 LCC に比べて総コストに対する管理可能コストの割合が低く、FSC に対して競争力を発揮することが難しい。そのような中で中長距離 LCC 事業を持続可能とする要因を導き出した。

第 8 章では本研究の結論を述べ、今後の研究課題について言及した。航空業界のような非対称競争下の市場においては大きな資本力と市場シェアを持つ先発企業の参入阻止行動に対して後発企業はほぼ無力に近いため、先発企

業からいかに参入阻止行動を受けないかが重要になる。本研究で明らかにされていることは非対称競争という特殊な環境下においては、一般的に有利な競争条件とされているものが必ずしも有利に働くとは限らない。むしろ、有利な競争条件を持たず、先発大手企業に脅威と認識されなかったということが一番の成功の要因となることもあり得るということである。

　本書の刊行に至るまでには多くの方々の支援を受けた。本書は阪南大学叢書として出版しており、本学の先生方及び職員の皆様、出版を引き受けていただいた文理閣の関係者の皆様からのご支援がなければ出版に至ることはできなかった。また、本書は著者が社会人大学院生として在籍した関西学院大学大学院経営戦略研究科での博士論文執筆のための研究がベースとなっている。ご指導を頂いた関西学院大学経営戦略研究科山本昭二教授、副査としてご指導を頂いた同学経営戦略研究科小川進教授、同学経済学部野村宗訓教授、福岡大学商学部杉本宏幸教授に深く感謝を申し上げたい。そして、本書の執筆及び博士後期課程を通して貴重なアドバイスや励ましを頂いた山本ゼミのメンバー、研究会などでご一緒させていただいた先生方にも深くお礼を申し上げたい。また、6年間という長期に渡り、快適な研究環境を提供してくれた家族にも深く感謝の意を表したい。

非対称競争下における競争戦略
—寡占市場で LCC はいかに生き残ったのか—

目　次

はじめに

第 1 章：序論 …………………………………………………………………… 1

　1－1. 本研究の問題意識　2

　1－2.「非対称競争（Asymmetric Competition）」について　7

　1－3. 本書の構成　8

第 2 章：低価格航空会社（LCC）の概要と市場環境 ……………… 13

　2－1. はじめに　14

　2－2. 低価格航空会社（LCC）の歴史　14

　2－3. 低価格航空会社のビジネスモデルとそのバックグラウンド　21

　2－4. まとめ　27

第 3 章：低価格航空会社（LCC）のオペレーション戦略 ………… 31

　3－1. はじめに　32

　3－2. 先行研究　33

　3－3. LCC のオペレーション戦略　42

　3－4. まとめ　54

第 4 章：低価格航空会社（LCC）のプロダクト戦略 ……………… 55

　4－1. はじめに　56

　4－2. 新規参入と先発企業の戦略　57

目次　v

4－3. 先発企業が後発企業に対する対抗戦略を決める要件　60

4－4. LCC の新戦略　65

4－5. プロダクト戦略からみた LCC の存立の条件　68

4－6. まとめ　68

第 5 章：低価格航空会社（LCC）のプライシング戦略…………71

5－1. はじめに　72

5－2. 先行研究　73

5－3. 非対称競争下における後発企業（LCC）のプライシングモデル　78

5－4. 参入阻止回避モデル　83

5－5. 実ケースへのモデルの適用　87

5－6. 参入阻止回避モデルの問題点　92

5－7. まとめ　93

第 6 章：先発企業の戦略と後発企業への対応……………………97

6－1. はじめに　98

6－2. 先行研究　99

6－3. 参入阻止行動モデル　112

6－4.「本邦国内線旅客輸送事業統計」によるモデルの検証　117

6－5. まとめ　132

第 7 章：LCC ビジネスモデルの今後の展開
　　　　（中長距離路線への挑戦）………………………………135

7－1. はじめに　136

7－2. 中長距離 LCC の歴史　137

7－3. 先行研究　139

7－4. 中長距離 LCC の成立条件　152

7－5. 中長距離 LCC の将来と本邦での可能性（第 7 章のまとめにかえて）　159

第8章：結論と今後の課題 ……………………………………… 163

　8－1. 本研究のまとめ　164

　8－2. 本研究の今後の課題　166

〈参考文献〉 ………………………………………………………… 170

〈エアラインコード一覧〉 ………………………………………… 176

第 1 章
序論

第 1 章：序論

1−1. 本研究の問題意識

　1978 年の米国民主党政権による航空規制緩和によって北米ではサウスウエスト航空などの低価格航空会社（LCC）が本格的に登場した。サウスウエスト航空によって開発された「単一機材・短距離運航・低価格片道運賃・モノクラス・ノーフリルサービス」というビジネスモデルは欧州にも波及した。1990 年代前半欧州では英国・アイルランド間に就航していたライアンエアーがそのモデルを導入して発展した。1990 年代後半にはイージージェットなどがサウスウエスト航空に倣ったビジネスモデルで市場参入し、欧州では LCC は市場の 3 割以上を占める一大勢力となった。

　本邦においても 1986 年 6 月の運輸審議会の答申をもとに、1970 年（昭和 45 年）の閣議了解に拠って 1972 年（昭和 47 年）に発行された運輸大臣通達にもとづいた「45・47 体制」の廃止が決定された。その決定に基づいて航空旅客輸送事業に関する規制が段階的に撤廃され、1997 年には日本航空（以後、「JAL」とする）、全日本空輸（以後、「ANA」とする）、日本エアシステム（以後、「JAS」とする）の 3 社とその関連企業によって排他的に支配されていた航空輸送市場に新規参入が認められた。規制当局は新規参入企業に対してプラチナチケットである「羽田空港昼間帯発着枠」を付与し、1998 年にはスカイマークエアラインズ（以後、「SKY」とする）と北海道国際航空（以後、「ADO」とする）、2002 年にはスカイネットアジア航空（以後「SNA」とする）、2006 年にはスターフライヤー（以後「SFJ」とする）がその羽田空港昼間帯発着枠を利用して就航した。これらの新規参入航空会社には先発 3 社の寡占状態を崩し、新しい市場秩序を生み出すことが期待されていた。

　航空輸送事業にとって最も重要な経営資源は混雑空港の発着枠である。採算性の高い高需要路線を運航するためには混雑空港の発着枠は必須であり、混雑空港の発着枠の有無がその航空会社の採算性を大きく左右する。日本では航空会社の主要な収入源となっている主な高需要路線は羽田空港発着の路線であり（村上他 2006, p.123）、羽田空港の発着枠の獲得は航空会社にとって

は利益と直結する重要要素となる。また、地方路線の多くは赤字を抱えており、高需要路線からの内部補助によって支えられているのが現状である（寺地・荒木 2013, p.110）。このように前述の新規参入 4 社が羽田空港発着路線（うち 2 社は更に新千歳空港と福岡空港の発着枠を与えられている）しか運航する必要がなかったということがいかに有利な競争条件を持っていたかは明らかである。

　廣田（2016）は Barney（2002）や Penrose（1959）などの議論をもとに競争優位をもたらす経営資源の属性を経済的価値創造力（value）、希少性（rarity）、模倣困難性（inimitability）、持続可能性（sustainability）、専有可能性（appropriability）と述べている。航空業界で最も重要とされている経営資源の混雑空港の発着枠はこれらの属性を全て持ちあわせた経営資源である。まず、混雑空港の発着枠を使用して高需要路線を運航することで航空会社には経済的価値がもたらされる。混雑空港の発着枠には限りがあり、非常に入手困難であることから希少性も模倣困難性も高い。持続可能性については混雑空港の発着枠は一度獲得すると運航実績がある限り既得権益化するため、自ら手放さない限り持続可能性も専有可能性も高い。このように全ての属性において混雑空港の発着枠は航空業界では大きな競争優位をもたらす経営資源であり、混雑空港の発着枠を与えられた航空会社は有利な競争条件のもとで生存競争に生き残ると考えられる。この理論をもとに考えると 2000 年前後に市場参入した ADO などの新規航空会社は有利な競争条件のもとでフルサービスキャリア（以後、「FSC」とする）と競争し、現在も持続的にビジネスを継続しているはずであった。しかし、実際には参入から数年の間にそれらの新規航空会社は全て自主経営を断念せざるを得ない結果となった。SKYは 2003 年には上場廃止の危機に陥り、インターネット関連企業の傘下での経営再建を目指すこととなり、ADO と SNA は民事再生法によって産業再生機構のもとで先発企業である ANA 傘下での事業再生を行うこととなった。スターフライヤーも就航当初から旅客数が伸びず、同様に ANA 傘下で事業を継続することになる。このように 2000 年前後に就航した新規航空会社は「羽田空港昼間帯発着枠」というプラチナチケットを与えられていたにもかかわらず、先発 3 社の寡占状態を崩すという期待に応えることはできなかっ

た。結果、本邦の航空旅客輸送市場は先発 3 社（のちに JAL と JAS の合併によって先発 2 社体制となる）による寡占状態が継続することとなった。

2010 年代に入ると Peach Aviation（以後、「APJ」とする）やジェットスタージャパン（以後、「JJP」とする）など敢えて自らを「低価格航空会社（LCC）」と名乗る航空会社が大手の寡占状態にある本邦の航空旅客輸送市場に参入してきた。2000 年前後に市場参入した航空会社は低価格を売り物にはしていたが、自ら LCC を名乗ることはなく、先発 3 社の FSC に準じるサービスを提供してきた。一方で、2010 年代に市場に参入してきた航空会社は自ら「LCC」と名乗り、ドリンクサービスなどの所謂「フリル」を全て有料化して単純に地点間の移動サービスを提供した。また、規制当局の対応も 2000 年前後に市場参入した航空会社に対するものに比べて冷淡であった。2000 年前後に市場参入した航空会社はいずれも羽田空港昼間帯発着枠が与えられたが、2010 年代に市場参入した航空会社には羽田空港昼間帯発着枠は与えられなかったのである。また、比較的余裕のある羽田空港深夜帯発着枠についても APJ が獲得できたのは就航から 3 年後の 2015 年 8 月であり、それも僅か 1 枠だけ（2016 年中に追加で 2 枠を獲得）であった。JJP が与えられた発着枠は成田空港の発着枠で、羽田空港の再国際化で FSC が放棄した発着枠であった。成田空港は東京都心部から約 60km も離れており、羽田空港に比べて交通の便が非常に悪い。また、APJ に至っては与えられた発着枠は関西国際空港の発着枠であった。関西国際空港は伊丹空港が国内線専用化した 1994 年以降は関西地区の国際線空港であったが、成田空港同様に大阪市中心部から 40km 離れており、国内線第一空港である伊丹空港に比べて交通の便が非常に悪い。また、当時は発着枠にも十分余裕のある空港の一つであった。このような、不利な状況にもかかわらず APJ は 2014 年 3 月期（2013 年度）決算では単年度黒字化を達成し、2016 年 3 月期（2015 年度）には設立以来の累積損失の一掃を達成した。その後も 2020 年のコロナ禍までは順調に増収増益を達成している。また、JJP についても 2016 年 6 月期（2015 年 7 月 〜 2016 年 6 月）以降、2020 年のコロナ禍までは連続単年度黒字化を達成している。このようにこれらの航空会社は最も重要な経営資源である混雑空港の発着枠をほとんど与えられなかったにもかかわらず、現在もビジネスを継

続している。

　これらの 2 つの事象を考えると混雑空港の発着枠は航空会社にとって最も重要な経営資源であるという通説に大きな疑義が生じる。一方は羽田空港の発着枠という経営資源を規制当局から十分に与えられた上に赤字の地方路線を運航する負担もなかったにもかかわらず、自主経営に行き詰まり、もう一方は混雑空港の発着枠をほとんど与えられずに都心から離れた交通の便が悪い空港を拠点空港とせざるを得なかったにもかかわらず、コロナ禍までは単年度黒字を達成し続けることができた。これらのことを考えると「混雑空港（羽田空港）の発着枠」という経営資源は 1998 年から 2006 年までに新規参入した 3 社の航空会社には実は恩恵をもたらさなかったどころか、むしろ不利に働いたのではないかとも考えられないこともない。

　航空業界のように大手数社による寡占化が進行した業界では先発企業と後発企業の関係性は一方的に優勢である先発企業と一方的に劣勢である後発企業という関係になるケースが多い。そのような市場環境では先発企業がその市場支配力や資本力を活かして後発企業を市場から排除することは非常に容易である。このような関係性のもとでの競争は対等な関係で顧客からの支持を競う対称競争ではなく、先発企業が一方的に後発企業の生殺与奪権を握った非対称競争となる。そのような非対称競争状態の市場においては一般的な競争優位が必ずしも常に競争優位として働かないことがあるのではないかと著者は考えた。航空会社の新規参入について言えば、2000 年前後に新規参入を果たした航空会社には「羽田空港昼間帯発着枠」という圧倒的な競争優位があったにもかかわらず、数年間で市場から排除された。一方で、2010年代に市場参入した航空会社は参入時にはそのような圧倒的有利な競争条件を与えられず、関西国際空港や成田空港という国内線空港としてはかなり不利な条件にある空港を拠点として与えられている。このような不利な競争条件にもかかわらず、これらの新規航空会社は数年間のうちに黒字化を達成し、少なくともコロナ禍までは持続的に発展を続けている。このことは有利とされる経営資源（このケースでは混雑空港の発着枠）が競争優位に結びつかなかった何らかの要素があることを示唆している。また、一方で、有利とされる経営資源を持たなかったことが競争優位につながった何らかの要素があ

ることも示唆している。

　政府による規制が長く続いた業界や大きな設備投資が必要とされる業界には先発企業と後発企業の関係性が一方的に優勢の大手先発企業と一方的に劣勢の後発企業という関係であることが一般的である。あるいは、規制が緩和されたとしても、そもそも後発企業が参入を躊躇して新規参入が起こらない不健全な市場となり、消費者の選択肢が増えないことも多い。また、後発企業が政府の競争促進策として有利な経営資源を与えられて参入したとしても、その有利な経営資源を活かすことができずに先発企業との競争の中で市場から淘汰されてしまうような事象も少なからず見受けられる。本研究では「非対称競争」という特殊な競争環境下で本来有利として働く経営資源が競争優位につながらなかった要素を 2000 年前後に新規参入した航空会社と 2010 年代に新規参入した航空会社の戦略を比較することで探り、非対称競争下における後発企業のとるべき競争戦略を導き出すことを目的とする。

　また、本研究を通して、我が国の航空政策について何らかの示唆を与えることができていれば幸甚である。前述のように 2000 年前後に新規参入した航空会社は政府の政策的介入によって混雑空港の発着枠の優先配分や地方自治体からの財政支援を受けることで競争優位を得たが、その競争優位を活かせなかったどころかその競争優位が破綻の主要な原因の一つとなった。一方で、2010 年代に新規参入した航空会社は政府の政策的介入による競争優位をあまり享受できなかったにもかかわらず、事業を持続的に継続している。「上に政策あれば下に対策あり」と言うが、規制当局の政策は市場参加者によって対策を講じられてしまう。本研究で扱うケースとしては規制当局の「新規参入優遇」という政策に対して、市場参加者は「参入阻止行動」という対策でその政策を無効化したとも言える。このことから言えることは混雑空港の発着枠の優先配分や財政支援によって既存航空会社の一方的な競争優位に対抗できるという考えはあまりにも短絡的であるということだ。発着枠も財政支援もそれらを有効に活用する能力があってこその競争優位であり、その競争優位は規制当局や地方自治体の俄な援助で補えるようなものではない。そのことを規制当局や地方自治体は理解した上で政策的介入を行うべきである。

　2020 年から始まったコロナ禍で国内外の航空業界は大きな打撃を受け、

海外では多くの航空会社が破綻している。本邦航空会社は辛うじて生存できているが、今までのビジネスモデルを大きく変更することを余儀なくされている。実際、ANA グループや JAL グループは共に短距離 LCC 事業への投資だけではなく、中長距離 LCC 事業にも乗り出そうとしている。ANA グループはグループ内の中型機運航会社であるエアジャパンをベースに中長距離 LCC ブランドを 2023 年度下期に立ち上げる計画[1] であるし、JAL グループは既に中長距離 LCC（ZIPAIR Tokyo）を傘下に持っている。このように我が国においても国際線においては消費者は既存の FSC と LCC という選択肢を持つことになる。一方で、国内線においては現行の状態では今後も既存の FSC が主要路線の大半のシェアをもつ状況が継続する可能性が高い。なぜなら、我が国の国内線航空需要の約 62 ％が羽田空港、新千歳空港、福岡空港、那覇空港、伊丹空港の 5 大空港発着路線[2] であり、それらの空港の発着枠は既に FSC に占有されてしまっているからである。もちろん、政策的に独立系 LCC にスロットを配分するという方法も考えられるが、本研究で述べるような FSC の参入阻止行動を誘発することも十分考えられる。これらのことを踏まえて、LCC の参入を成功させるために LCC と FSC の差別化を図る方策としてセカンダリー空港の整備とセカンダリー空港への地上アクセスの利便性・経済性の向上についても言及する。

1−2.「非対称競争（Asymmetric Competition）」について

本研究では「非対称競争」という市場環境のもとでの後発企業の競争戦略を論じている。寡占化が進行した業界に頻繁に発生する市場環境では、大きな市場シェアを持つ先発企業がスケールメリットを活かして一方的に優勢となる。そのため、後発企業は特定の製品や特定のセグメントに特化するニッチ戦略をとって先発大手企業との直接的な競争を避けることが一般的である。ニッチ戦略の合理性は特定のセグメントに適合した付加価値の高い商品を市場に供給することで大手先発企業との価格競争を回避することである

---

1) 2022 年 3 月 8 日付「ANA ホールディングスプレスリリース第 21−044 号」
2) 国土交通省「令和元年 空港管理状況調書」に拠る。

（Bantel 2006, p.131）。しかし、航空業界のように寡占化が極端に進んでいるだけではなく、先発企業の資本力が後発企業を大きく上回り、固定費比率が高く、扱う商品が容易に模倣可能な業界では、先発企業はその資本力、ブランド力、市場シェアなどをもとに後発企業に対して圧倒的な競争力を持った状態となる。そのため、先発企業は自社のより優れた商品を後発企業と同価格かあるいは低価格で提供することで後発企業の市場を奪うことも可能である（Bantel 2006, p.132）。あるいは、先発企業はその資本力を活かして破滅的価格（Cut Throat Price）で後発企業を市場から排除することも可能である。本研究ではこのように先発企業が一方的に後発企業の生殺与奪権を握っている状態を「非対称競争」と定義する。

1-3. 本書の構成

　本研究の目的は2000年前後に新規参入した航空会社の戦略と2010年代に新規参入した航空会社の戦略を比較することで非対称競争化における後発企業のとるべき競争戦略を探っていくことである。まず、第2章では低価格航空会社の歴史、ビジネスモデルとそのバックグラウンドについて検証し、低価格航空会社の概要を述べる。第3章ではサービス産業のローコストオペレーションの理論をもとに低価格航空会社が低コストを実現するためのオペレーションの技術的手法を探る。第4章では低価格航空会社がとるべきプロダクト戦略をFSCとの競争回避の観点から検証する。第5章では低価格航空会社のプライシング戦略を投入生産量、空席率、先発企業の価格の3つの要素からモデル化し、低価格航空会社にとって最適なプライシングを検証する。第6章ではFSCの後発企業に対する対応を検証し、低価格航空会社がいかにFSCの参入阻止行動を誘発せずに市場参入可能かを探る。第7章ではLCCビジネスモデルの発展型としての中長距離LCCの成立要件を探り、LCCビジネスモデルの中長距離路線への適用可能性及び適応のための変更するべき点を検証する。そして、第8章では結論を述べ、今後の課題について言及する。

　本書の第4～6章では後発企業の代表例として北海道国際航空（ADO）、スカイネットアジア航空（SNA）とPeach Aviation（APJ）のケースを分析す

る。それらの航空会社のうち Peach Aviation（APJ）は 2012 年の就航当時は FSC である全日本空輸（ANA）が支配権を持つ連結子会社であった[3] ため全日本空輸のプロダクトラインを延長したセカンドブランドという側面も大きい。そのため、親会社である全日本空輸が Peach Aviation の市場参入を阻止することはあり得ないという見方もある。しかし、Peach Aviation の市場参入については親会社である ANA のみならず、Peach Aviation と資本関係がなく ANA の競合である日本航空（JAL）も参入阻止行動をとっていない。JAL が Peach Aviation の市場参入に対して参入阻止行動をとらなかったことはこの論文で解明したい論点である。

　なお、本研究のモデルは実際のビジネスにも適用可能であることを追求するために、できる限り取得可能な情報のみをモデルの要素とするようにした。

　本書は作成にあたり、関西学院大学大学院経営戦略研究科博士後期課程在学中（2017 年 4 月〜2022 年 3 月）に著者が執筆した以下の論文を加筆・修正・翻訳して作成した博士学位申請論文をベースとしている。

第 1 章　N/A
第 2 章　重谷陽一．（2018）．低価格航空会社のビジネスモデル．経営戦略研究，（12），51−65.
第 3 章　Shigetani Y.（2021）Theoretical Background of LCC Operation. *EATSJ - Euro-Asia Tourism Studies Journal*, 2, 1−22.
第 4 章　重谷陽一．（2019）．寡占市場における参入企業の共存戦略：低価格航空会社（LCC）の市場参入のケース．日本マーケティング学会カンファレンス・プロシーディングス，8，409−416.
第 5 章　重谷陽一．（2020）．非対称競争下における後発企業のプライシング戦略：LCC の参入阻止回避戦略．ビジネス＆アカウンティングレビュー，（25），111−128.
第 6 章　重谷陽一．（2022）．非対称競争市場における先発企業の参入阻止戦

---

3) 2013 年 4 月 1 日以降は全日本空輸（ANA）と Peach Aviation（APJ）は共に持ち株会社である ANA ホールディングス傘下の連結子会社となっている。

略―本邦国内線航空旅客輸送事業のケース―. 環境と経営, 28 (2), 189-211.

第7章　重谷陽一. (2021). LCC ビジネスモデルの未来展開―中長距離 LCC の持続可能性―. 観光マネジメント・レビュー, 1, 40-51.

第8章　N/A

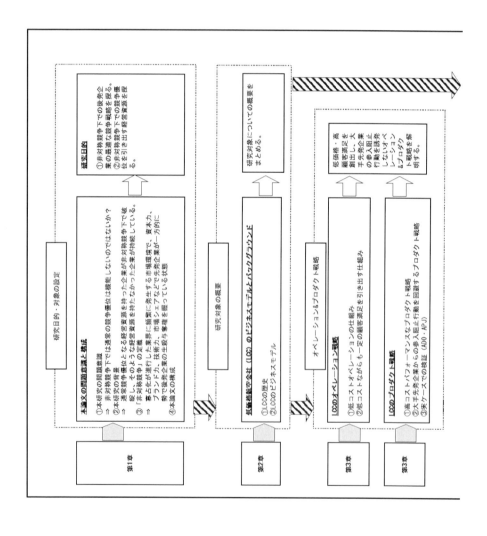

第1章 序論 11

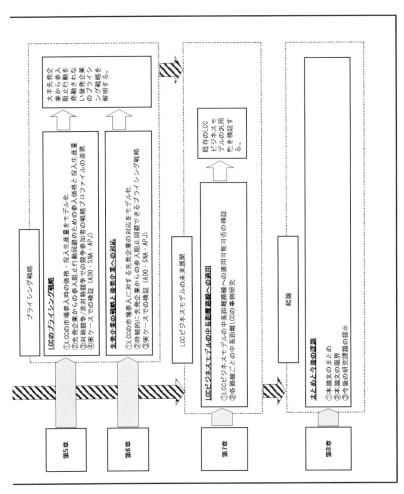

〈図表1-1〉 本研究のリサーチマップ

第 2 章
低価格航空会社（LCC）の概要と市場環境

第 2 章：低価格航空会社（LCC）の概要と市場環境

　1978 年の米国民主党政権による航空規制緩和によって本格的に登場した低価格航空会社は既に欧米では大手航空会社に匹敵する規模の市場シェアを獲得するに至っている。また、アジアの新興市場においても 1990 年代以降急速にシェアを拡大している。一方、本邦においても 2012 年の APJ（Peach Aviation）の登場以降数社の低価格航空会社が出現し、航空輸送事業を語る上で無視できない存在となってきている。本章では低価格航空会社の競争戦略について既存の先行研究での議論を整理することで今後の低価格航空会社のビジネスモデルの課題を抽出する。

2-1. はじめに

　1978 年の米国民主党政権による航空規制緩和によって、米国でサウスウエスト航空やピープルズエクスプレス等の低価格航空会社（以下、LCC: Low Cost Carrier）が本格的に運航を開始した。それ以来約 40 年を経て、LCC は米国のみならず全世界的に既存の大手航空会社（以下、FSC: Full Service Carrier）を凌ぐ勢いで存在感を拡大している。日本においても 2007 年のジェットスター航空の関西国際空港就航を皮切りに 2012 年には邦人系 LCC の APJ が就航している。本章では先行研究での LCC のビジネスモデルについての議論を整理し、今後の LCC のビジネスモデルの課題を抽出する。そのためにまず第 2 節で LCC の概要を政策的背景や歴史的背景をもとに明らかにする。そして第 3 節において典型的な LCC のビジネスモデルを述べ、そのビジネスモデルのバックグラウンドを検証する。そして、第 4 節では第 3 節の議論をもとに先行研究で議論されている LCC のビジネスモデルのフレームワークを整理・検証し、今後の LCC のビジネスモデルにおける課題を抽出する。

2-2. 低価格航空会社（LCC）の歴史

　前節で述べたように LCC の元祖は米国のサウスウエスト航空であり、その後、登場してくる LCC は概ねサウスウエスト航空のビジネスモデルを

ベースに作られたものである。本節では、LCC の歴史と政策的背景について述べる。

2-2-1. 北米での LCC の歴史

　LCC の元祖とも言えるサウスウエスト航空は 1967 年に設立され、1971 年から商業運航を開始した。運航開始当初、同社は連邦政府の規制により州を越えた輸送が制限されていたため、テキサス州内を運航する航空会社であった。1971 年 6 月 18 日にダラス・サンアントニオ間とダラス・ヒューストン間で初便を運航した。その後、1978 年の民主党政権下での航空規制緩和によって州間輸送が可能になるとサウスウエスト航空はヒューストン・ニューオリンズ間の路線を皮切りに州間路線を拡大していった。サウスウエスト航空は「単一機材・短距離運航・低価格片道運賃・モノクラス・ノーフリルサービス」という LCC ビジネスモデルの原型を作った（遠藤・寺田 2010, p.33）。米国では 1970 年代初頭から低コスト・ノーフリル戦略を採った航空会社が存在し、1993 年から 1995 年が新規参入のピークであったが、生き残った航空会社は多くなかった（Doganis 2001, p.150）。1992 年に設立されたバリュージェット航空は経年機を使用し機材の償却費や整備コスト抑制などによる低コストを武器に急激な成長を見せたが、1996 年に発生した墜落事故[1] を機に経営破綻に至ってしまう。

　2000 年代に入ると米国ではジェットブルー航空がジョン・F・ケネディー空港（ニューヨーク）を拠点に運航を開始した。ジェットブルー航空は IT を駆使してコストダウンを図り、サービスと価格を両立させる戦略をとっている（赤井・田島 2012, p.21）。ジェットブルー航空は 2001 年の米国同時多発テロによる航空需要の低迷期にも継続的に黒字経営を続けた数少ない航空会社の一つでもある。また、ユナイテッド航空、デルタ航空やエアカナダなどはジェットブルー航空の成功に倣ってテッド（Ted）航空、ソング（Song）航空、タンゴ（Tango）航空などを設立したが、それらは 2000 年代後半には全て運航を終了している（橋本 2006, p.1）。このように 2007 年の世界金融危機

---

1) バリュージェット航空 592 便墜落事故。

16

と同時に発生した燃油価格の上昇により、多くのLCCが市場から淘汰された。2007年には英国のバージングループによって設立されたバージンアメリカ航空が運航を開始したが、出資比率制限[2]により2016年末にアラスカ航空に買収されることになった。

2-2-2. 欧州でのLCCの歴史

欧州では1957年のローマ条約において大幅な航空の規制緩和が想定されていたが、1987年の欧州単一議定書の発効までこれといった大きな動きはなかった。これは加盟国のフラッグキャリアの既得権益を脅かす懸念があったためである（小熊2010, p.60）。しかし、1987年に欧州単一議定書が発効すると、欧州においても段階的に規制が解除され、2007年には全路線で完全に自由化が達成された（野村2014, p.34）。

欧州のLCCにはライアンエアーやイージージェットのように米国のサウスウエスト航空のモデルをベースとしたもの、BMIベイビーやトランサビア航空やブルーワン航空のように大手航空会社のセカンドブランド、エアベルリンやモナーク航空のようにチャーター航空会社から発展したものの3つのタイプが存在する（小熊2010, p.65）。

ライアンエアーは1985年にロンドン・ガドウィック空港とアイルランド南東部にあるウオーターフォード空港を結ぶ路線から運航を開始した。1986年にはロンドン・ルートン空港からダブリン空港への運航を開始する。就航当初から3年間の利用者数は停滞したが、低価格戦略が奏功し、フェリーを利用していた旅客を航空市場に取り込むことに成功した（Doganis 2001, p.160）。しかし、エアリンガス航空との低価格競争に巻き込まれたこととコストの圧縮が進まなかったため、経営的には恒常的に赤字を計上し続けた。1991年以降ライアンエアーはサウスウエスト航空のノーフリル戦略に倣いコストを圧縮し、ロンドンの就航空港をスタンステッド空港に移転することで、1992年には税引き前利益を計上することができた（Doganis 2001, p.160）。

2）米国法により外国人は米国を拠点とする航空会社の25％以上の株式を保有することが認められていない。

このように 1990 年代前半はライアンエアーがアイルランド・英国間のニッチ市場で大きな進展を見せた以外に LCC の発展は目立ったものはなかった。

1990 年代後半以降になると欧州にもイージージェット航空やエアベルリンなどの LCC も登場してくる（赤井・田島 2012, p.21）。1995 年にはイージージェット航空がロンドン近郊のルートン空港を拠点にグラスゴー空港とエジンバラ空港向けにサービスを開始した。また、1996 年には国際線に進出してバルセロナ、アムステルダムやニースへの路線に就航した。1997 年にはライアンエアーがダブリン空港とロンドン・スタンステッド空港を拠点として欧州大陸へ路線拡大を開始した（Doganis 2001, p.160）。1998 年には英国航空がイージージェット航空に対抗してロンドン・スタンステッド空港を拠点にゴー（Go）航空という完全出資の LCC を立ち上げた。ゴー航空の市場参入は LCC 同士の競争を激化させ、デボネアー（Devonair）が市場から淘汰される原因となった（Doganis 2001, p.160）。2000 年になると KLM がロンドン・スタンステッド空港を拠点にセカンドブランドとしてバズ（Buzz）航空を立ち上げた。このように欧州の主な LCC はロンドンを拠点としている（Doganis 2001, p.161）。これらの LCC がロンドンを拠点とした背景にはマーケット規模、規制、文化、低い社会保障費などがある（花岡 2007, p.52）。

2001 年の米国同時多発テロによる航空需要低下への対応の結果、イージージェット航空とライアンエアーはシェアを大幅に伸ばすことになった。英国航空が短距離路線のビジネス旅客向け運賃を維持したままレジャー旅客向けの生産量を減少させる中でイージージェット航空やライアンエアーは運賃を下げて生産量を増加して対応した結果、2004 年には英国国内線での LCC のシェアは 43 ％まで上昇した（Diaconu 2011, p.122）。2003 年にゴー航空はイージージェット航空に吸収合併され、2004 年には KLM 傘下の LCC のバズ航空もライアンエアーに吸収合併された。2000 年代後半に入ると域内航空自由化の中での一括適用除外項目[3) の適用期限が満了し、EU での航空市場の規制が完全に撤廃された。また、EU が比較的価格負担力の低い東欧諸国に拡大し、それらの地域への LCC の新規就航が続いた。EU 統合の結果とし

---

3) 空港発着枠・IATA 運賃・EU 域外との運賃に関する自由化。

て労働者の域内での移住や域内での国際結婚が増えたことで VFR（Visiting Friends and Relatives：友人・親族訪問）需要が増大し、それが LCC の発展を支えている（野村・切通 2010, p.139）。今後、欧州以外の地域においてもグローバル化の進展によって VFR 需要が増大し、LCC の発展の原動力となる可能性も高い。

　2010 年代に入ると LCC の雛形とも言えるサウスウエスト航空のビジネスモデルに倣わない LCC が市場に参入してくる。LCC の飛行時間の限界とされていた 4 時間を超える飛行時間の路線を運航する LCC の登場である。2013 年にはノルウェーエアシャトル（Norwegian Air Shuttle）航空が Boeing 787 でロンドン・ガドウィック空港を拠点に北米路線に就航し、ルフトハンザ傘下のユーロウイングズ航空は 2015 年に A330 で中東・北米・東南アジア路線に就航した（栗原 2017, p.2）。また、これらの LCC はモノクラスではなく、上級クラスのサービスを導入している。これらの新しい LCC のビジネスモデルについては第 7 章で述べる。

2-2-3. 東南アジア諸国での LCC の歴史

　東南アジアでは 1995 年から段階的に航空の規制緩和が始まった。1999 年にはインドネシアでライオンエアが設立され、2001 年にはエアアジアがマレーシア人起業家のトニー・フェルナンデス氏によって再建された。エアアジアはクアラルンプールの出稼ぎ労働者の帰省の足として着実に成長を遂げ、赤字続きのフラッグキャリアから国内線の運航を引き継ぐまでに成長した。また、東南アジアでも既存の大手航空会社がセカンドブランドとして LCC を設立する動きが見られる。2003 年にはシンガポール航空がタイガーエアを設立し、2004 年にはタイ航空がノックエアを設立して LCC マーケットに参入している。同じく 2004 年にはカンタス航空がシンガポールを拠点にジェットスターアジア航空を設立し、2005 年には競合していたバリューエアを吸収合併した。また、政策面では 2004 年には RIATS（Roadmap for Integration of Air Travel Sector）が ASEAN 域内で合意され、2007 年には更に包括的な取り組みとして ASAM（ASEAN Single Aviation Market）が最終目標に設定された（大島 2015, p.37）。

東南アジアにおいてもサウスウエスト航空のビジネスモデルに倣わないビジネスモデルのLCCが登場している。2007年にエアアジア傘下のエアアジアXがクアラルンプールを拠点に中長距離路線に就航し、2012年にはシンガポール航空傘下のスクート（Scoot）航空がシンガポールを拠点に中長距離路線に就航している。エアアジアXとスクート航空はともにモノクラスのサービスではなく、上級クラス（FSCのプレミアムエコノミークラスレベル）のサービスを導入している。

2-2-4. 韓国でのLCCの歴史

韓国では1988年のアシアナ航空の市場参入から16年ぶりの2004年のティーウエイ（T'Way）航空の就航を皮切りにチェジュ航空（2005年）、ジンエア（2008年）、エアプサン（2008年）、イースター航空（2009年）、エアソウル（2016年）の6社のLCCが市場に参入した（Nokhaizb et al. 2017, p.10）。これらの航空会社のうち、ジンエアが大韓航空傘下にあり、エアプサンとエアソウルがアシアナ航空傘下にある。ジンエアは大韓航空との競合路線にも進出しており、大韓航空のセカンドブランドとしての意味合いが強い。一方、エアプサンとエアソウルはアシアナ航空から既存路線を移管される形で継承しており、競合路線は比較的少なく、アシアナ航空のセカンドブランドとしてのみならず、近距離路線の小型機運航会社[4]としての役割も果たしている。

韓国のLCCは2009年4月の国際定期路線規制緩和以前にはチェジュ島と韓国本土を結ぶ国内幹線を中心に就航していたが、規制緩和以降は近距離国際線を中心に更に路線を拡大している。また、一般的に韓国のLCCはドリンクサービスなどの機内サービスが無料である。これは韓国ではサービスは無料という市場の強い意識が影響している（赤井ほか2011, p.19）。

---

4) FSCとコードシェアを実施し、地方路線などの小規模な路線をFSCのブランドで運航する航空会社。通常はFSCがコントロールステークを持つグループ企業であり、ANAグループのANAウイングスやJALグループのジェイエア等に相当する。

2-2-5. 本邦の LCC の歴史

　本邦では 1986 年 6 月の運輸審議会の答申によって「45・47 体制」の廃止が決定され、その後段階的に規制が緩和された。1997 年には JAL、ANA、JAS の 3 社とその関連企業によって排他的に支配されていた航空輸送市場に新規参入が認められた。この規制緩和によって 1998 年 8 月に SKY が羽田・福岡路線に参入し、同年 12 月には ADO が羽田・新千歳路線に参入した。SKY は大手旅行会社 HIS の創業者である澤田秀雄氏によって創業され、ADO は地元の起業家の濱田輝男氏が中心になって、地元の起業家や京セラ、北海道庁、北海道電力などの出資を受けて設立された。しかし、ADO は計画通りに旅客数が伸びなかったことや 2001 年の米国同時多発テロによる航空需要低下により 2002 年 6 月には民事再生手続に陥ってしまう。2002 年 8 月には SNA が東京・宮崎路線に参入したが乗客数が伸びず、2004 年には産業再生機構と FSC（ANA）の支援を受ける状況となった。また、2003 年には SKY が上場廃止の危機に陥り、インターネット関連企業の出資を受ける事態となった。2006 年には SFJ が羽田・北九州路線に就航した。しかし、他の新規参入航空会社と同様の理由で 2009 年 6 月には FSC（ANA）の支援を受ける事態となってしまう。このように 1997 年の規制緩和によって参入を果たした新規参入航空会社はサービスの簡素化によるコスト削減と低価格を武器に市場参入を果たしたが、全て自主経営を断念する結果になってしまった。

　2010 年代に入ると敢えて自らを LCC と名乗る低価格航空会社が市場に参入してくる。前述の新規参入航空会社は低価格戦略を経営理念に掲げてはいたが、敢えて自らを LCC と名乗るようなことはなかった。これは価格の安さが安全性に影響するという疑念を消費者に抱かれないようにする配慮であった（大島 2015, p.33）。2012 年 3 月には APJ が関西・新千歳路線と関西・福岡路線に就航し、5 月には関西・仁川路線で国際線に進出した。2012 年 7 月には JJP が成田・新千歳路線、成田・福岡路線に就航する。2012 年 8 月には ANA グループとエアアジアグループのジョイントベンチャーのエアアジアジャパンが成田・福岡路線と成田・新千歳路線に就航するが、2013 年 11 月には合弁を解消して ANA グループ完全子会社のバニラエアとして再出

発した（2019 年に APJ と経営統合）。2014 年 8 月には春秋航空日本が成田・広島路線、成田・高松路線、成田・佐賀路線に就航した。ANA グループとの合弁を解消し、一旦日本市場から撤退していたエアアジアグループが楽天等と合弁でセントレア（中部国際空港）を拠点にエアアジアジャパン（2 代目）を設立し、2017 年 10 月に中部・新千歳路線に就航している。

　2010 年代以降に就航した LCC とそれ以前の新規参入航空会社の相違点として国際定期線への進出を非常に早い段階で計画していることが挙げられる。2010 年代以前に就航した新規参入航空会社が未だに国際定期線への進出が実現していないことと対照的に APJ とバニラエアは初便就航の 2 カ月後に国際定期路線に進出している。また、春秋航空日本は初便就航から 22 カ月後には国際定期線に進出している。JJP も当初は初便就航 11 カ月後に国際定期線進出の予定であった[5]。また、エアアジアジャパン（2 代目）は初便就航 4 カ月後の 2018 年 2 月に国際定期線進出の計画を持っていた[6]。

2-3. 低価格航空会社のビジネスモデルとそのバックグラウンド

　前節で述べたように低価格航空会社のビジネスモデルを作ったのは米国のサウスウエスト航空で、ほとんどの LCC がそのビジネスモデル（以下：サウスウエストモデル）を基にしている。しかし、一部の LCC はそのモデルに独自でアレンジを加えている。本節では本章で扱う「低価格航空会社（LCC）」の定義を明らかにし、そのビジネスモデルを分析し、そのバックグラウンドを明らかにする。

　なお、LCC と言われている航空会社や LCC を自称している航空会社は数多く存在するものの、本邦航空法や米国 FAA、DOT の規定、EU 理事会規則などに LCC の明確な定義は存在しない（山路 2017, p.103）。先行研究においては生産の観点から定義したものと販売の観点から定義したものが混在している。前者の代表的なものでは「ノーフリルと呼ばれるサービスの簡素化を軸とする低コストな生産活動を通じ短距離路線を対象に低運賃サービスを

5）同社プレスリリース（2011 年 12 月 21 日）
6）同社プレスリリース（2016 年 9 月 30 日）

提供している」（遠藤他 2011, p.31）と定義されている。また、後者の代表的なものとしては「FSC に対して低運賃を提供する戦略を明確にして市場に参入」（大島 2015, p.33）と定義されている。本章では後者（販売の観点）の定義を採用することとする。

2-3-1. 路線・ネットワーク構成

　FSC がハブ＆スポーク方式を基礎とした多地点間のネットワークを構築するのに対して、一般的に LCC はポイントツーポイントの 2 地点間輸送に特化している。LCC が 2 地点間輸送に特化するのはオペレーションコスト面とイールド面でのメリットからである。オペレーションコストの面では乗り継ぎサービスにかかるコストが圧縮できる点が挙げられる。乗り継ぎサービスを提供するには、直接的なコストとしては搭乗券や手荷物のスルーチェックインが可能なシステム投資、乗り継ぎ地点での手荷物ハンドリングコストやトランジットエリアの整備が必要である。また、間接的なコストとしては便の遅延などによりミスコネクション（接続不具合）が発生してしまった時の便振替コストやバンクに合わせたフライトスケジュールによる機材効率の低下が挙げられる。また、イールド面では、2 地点間輸送は座席あたりのイールドを向上させることができる。一般的に乗継便の運賃は直航便よりも低く、ネットワーク全体の収入を下げるだけでなく、マイレージプロレーションにより便あたりの収入も低下する。FSC のビジネスモデルではハブ空港発着の売れ残り座席をサンクコストと見做してハブ空港経由の乗り継ぎ路線を限界利益レベルの価格で販売することが行われる。一方で、LCC は低価格と需要に対して控えめな生産量投入で高いロードファクターを実現し、売れ残り座席を減らしてサンクコストを低減させている。

　FSC がさまざまな距離の路線を運航していることと対照的に典型的な LCC は飛行時間 4 時間未満の短距離路線にネットワークを集中させている（赤井 2012, p.29）。これはオペレーションコストの観点とサービスの観点でメリットがあるからである。オペレーションコストの観点としては単一機材化が実現できることである。短距離路線に路線を絞り込むことによって航続距離の長い機材を保有する必要性がなくなり、単一機材での全路線運航が可能

となる（単一機材化によるオペレーションコストの低減については後述）。また、短距離路線では燃油搭載量が少なくなるので、その分ACL[7]を確保することができ、便あたりの座席数を増やすことができる。サービスの観点では短距離路線では「ノーフリルサービス」のデメリットが出にくいことが挙げられる。近距離路線では旅客は機内に滞在する時間が比較的短時間であるため、旅客が機内サービスに期待する効用が相対的に低く、ノーフリルサービスが市場に受け入れられやすい。

　FSC が各都市のプライマリー空港[8]に就航するのと対照的に典型的な LCC はセカンダリー空港に就航する場合が多く見られる。例えば、サウスウエスト航空はダラスではプライマリー空港であるダラスフォートワース空港ではなく、ラブフィールド空港に就航しており、シカゴではプライマリー空港であるオヘア空港ではなくミッドウエイ空港に就航している（Shaw 2011, p.104）。セカンダリー空港に就航する直接的なメリットは発着料が安いこととスロットの取得が容易であることである（Shaw 2011, p.105）。また、間接的には定時性と就航率の向上である。しかし、全ての典型的な LCC がセカンダリー空港に就航しているとは限らず、ジェットブルー航空はニューヨークのジョン・F・ケネディー空港を拠点としているし、イージージェット航空もロンドンのガドウィック空港、パリのオルリー空港やシャルル・ドゴール空港、アムステルダムのスキポール空港などのプライマリー空港に積極的に就航している。サウスウエスト航空が就航する米国中西部では空港までのアクセスは主に自動車であるため、セカンダリー空港への公共交通機関でのアクセスの悪さはあまり利便性に影響しない。一方、ニューヨーク、ロンドン、パリやアムステルダムでは空港へのアクセスに公共交通機関の利用比率が高く空港アクセスの重要性が高いためである。また、アジアの LCC もプライマリー空港に就航する場合が多いが、これはそもそも大都市にセカ

---

7) Available Cabin Load: MTOW（Maximum Take Off Weight）から機材重量と燃油重量を差し引いたもので、実際に輸送に供することができる搭載重量である。

8) 各都市の最大の空港。例えば、ロンドンではヒースロー空港やガドウィック空港がプライマリー空港となり、スタンステッド空港やルートン空港などがセカンダリー空港となる。

ンダリー空港自体が存在しないためである。

　また、日本に限って言えば、機材稼働を上げるにあたって深夜時間帯の機材稼働が大きな課題となる。一般的に深夜帯には国内線の運航は行われない。これは空港からの公共交通機関のない深夜帯の旅客需要が非常に低いことと深夜に離発着できる国内空港がほとんどないためである。しかし、国際線や沖縄路線などの深夜でも需要があり離発着可能な空港のある路線に機材を投入することで機材稼働を向上させることができる。

2-3-2. オペレーション（機材・機材運用・グランドハンドリング・整備）

　LCC は短いターンアラウンドタイムとそれによって実現される高い機材稼働率によって便あたりのコストを FSC よりも低く抑えている（Shaw 2011, p.106）。LCC のターンアラウンドタイムは国際線で 40 〜 60 分、国内線では 20 〜 25 分に抑えられており、これは FSC の半分以下の時間である。LCC は機内サービスをノーフリル化することによって、ギャレーの清掃や機内食の搭載などの時間を削減し、便間に客室乗務員が自ら機内掃除を行うなどしてコストを削減している（Shaw 2011, p.106）。また、一部の LCC は座席を指定席にせず、旅客が早い者勝ちで座席を選ぶことができるようにしている。そうすることで旅客が搭乗ゲートに早く来るようになり、定時性の向上につなげることができる（Shaw 2011, p.106）。また、無料受託手荷物の数を少なくするあるいは無くしてしまうことも定時性の向上に貢献している。旅客がゲートに時間通りにやって来なかった時にその旅客を搭乗させずに出発するには航空保安上、手荷物の取り下ろしが必須である。受託手荷物を有料にすることによって旅客に受託手荷物をできるだけ預けさせないようにし、搭乗締め切り時刻の厳格な運用を行っている。

　航空会社にとって機材整備は安全上不可欠なものであり、且つ、オペレーションコスト的にも無視できない要素である。ICAO によると全オペレーションコストの約 10 ％強が整備コストとなっており、整備コストの抑制は航空会社にとって経営に最も影響する課題の一つである。また、整備は航空会社としての生命線でもある安全性に最も影響を与える要素である。このため、安全性に影響を及ぼさないことを前提に整備コストを抑制することが

LCC にとって重要な課題である。また、単一機材化は整備コストの削減に
も高く貢献する。航空機整備士の資格は機種ごとに異なっており、機材を単
一化すれば教育訓練のコストを大幅に削減できる。また、航空会社は安定し
た運航のために一定数の予備部品を在庫する必要があるが、単一機材化は予
備部品の在庫削減に貢献する。MRBR/MPD[9] で飛行前点検が設定されてい
ない機種(所謂、「ER Zero 機材」)を採用することも整備コストの削減につな
がる。通常、航空機は飛行前に資格を持った運航整備士による飛行前点検が
義務付けられているが、ER Zero 機材では運航整備士による出発前点検を常
に行う必要がなく、整備コストの削減とターンアラウンドタイムの短縮が可
能となる。また、LCC では機材は経年機よりも新造機を使用する場合が多
い。これは経年機使用による減価償却費抑制よりも新造機使用による整備費
削減と運航の安定が減価償却費抑制の効果を上回るからである。

2-3-3. 機内・地上サービス

「ノーフリル戦略」と言われるサービスの簡素化は LCC のビジネスモデル
の特徴である(遠藤ほか 2011, p.32)。ノーフリル戦略とは機内食や飲み物、
ASR(事前座席指定)や多頻度旅客の優先搭乗、機内アメニティーや機内エ
ンターテインメントなどの提供を実施しないまたは有償とする戦略で、コス
トの圧縮と付帯収入の増加の効果がある。典型的な LCC は短距離路線を運
航しているため、旅客にとってこれらのサービスの効用はあまり高くない。
　地上サービスにおいても LCC は FSC のように至れり尽くせりのサービス
とはなっておらず、法的要求を満たす最低限のサービスとなっている。例え
ば、LCC は FSC が提供している多頻度旅客に対するラウンジなどのサービ
スは提供していない。また、航空会社が避けることができない天候や機材の
不具合による遅延などについても FSC で提供しているホテルの提供や公共
交通手段がなくなった場合の補償なども提供していない。本件に関しては最
近の課題として EU で「航空機利用旅客の権利についての規則(EU 規則
261/2004)」が制定され、航空会社のキャンセルや長時間の遅延などに関して

---

9) Maintenance Review Board Report / Maintenance Planning Document

旅客への補償やケアに関しての最低限の基準が制定された（墳崎 2012, p.30）。本規則は FSC・LCC を問わず全ての EU 圏内の空港を出発する航空便及び EU 圏内に国籍を持つ航空会社に適用され、航空会社の個別の運送約款に優越するものとされている。本規則のようなサービスの質に対しての規制は価格の安さだけを売り物とする航空会社を排除し航空会社のサービス品質の維持に役立つ（墳崎 2012, p.35）。しかし、同時に低価格を強みとする航空会社の新規参入を躊躇させ、消費者の選択肢を狭めることにもなる。

2-3-4. マーケティング（ターゲット顧客・販路・FFP）

　LCC はマーケティングに関しても FSC と一線を画している。一般的に FSC はさまざまな顧客のニーズに対応しながら、ビジネス需要やファーストクラスやビジネスクラスのような高付加価値サービスを求める顧客層を積極的に取り込み、イールドマネジメントの手法を導入して路線イールドを上げて行くことに苦心してきた。その結果として航空会社の運賃は複雑化して、同路線・同日程・同キャビンクラスで多くの料金とチケットルールが設定されていることも珍しくない（Shaw 2011, p.108）。これは価格弾力性の低いビジネス需要の旅客に高価格な料金で席を販売し、価格弾力性の高い旅行需要の旅客には低価格を訴求するための施策である。それに対して、LCC は同じ路線・同じ日程・同じキャビンクラスではひとつの料金体系であり、購入時期によって価格が変動するのみで、顧客は単純に買うか買わないかの選択をするのみである（Shaw 2011, p.108）。このように LCC は価格弾力性の高い旅客に低価格を訴求することによって高いロードファクターを維持している。

　LCC の単純な料金体系は流通コストの削減にも大きく貢献している。FSC はチケットの流通チャネルを主に旅行代理店に依存してきた。GDS（Global Distribution System）を持つ旅行代理店にチケットの販売を依存し、自社の営業担当者を減らしてコストを削減してきたのである。一方で、旅行代理店への販売手数料や GDS の予約手数料が航空会社の収益を圧迫していたことも事実である。LCC では料金体系を単純化することによってチケットの使用条件などの複雑な説明は不要になり、旅行代理店などのチャネルを通

さずに直接インターネットでの販売が可能となった（Shaw 2011, p.108）。

　また、LCC の航空券は基本的に旅程の変更や払い戻しが不可能となっている。航空運送という商品の特徴として在庫が効かない。そのため、FSC では予約した旅客が実際には搭乗しないことも見込んでオーバーブッキングを立て、変更可能なチケットには機会費用損失分も含んだコストを見込んだ高い料金を設定している。しかし、LCC では原則的に予約変更やキャンセルが不可であるため、予約した旅客が実際に搭乗しなくても機会費用の損失にはならない。

　多くの FSC が FFP（Frequent Flyer Program）を導入し顧客の囲い込みを行っているが、ほとんどの LCC は FFP を導入していない。FFP は旅客の搭乗実績に応じてマイレージを蓄積しその蓄積に応じて無償航空券、無償アップグレード、優先搭乗、ラウンジの無償利用などの特典を付与するスキームで、FFP は FSC にとってマーケティングの核心となっている（Shaw 2011, p.281）。FFP は旅客のスイッチングコストを高め顧客ロイヤルティーを向上させるという効果がある一方で、特典航空券によって使用される座席の機会損失コストのみならず、FFP スキームの維持自体にかかる事務コストも航空会社の負担となる。また、FFP はロックイン効果によって顧客を囲い込む手法であるため、旅客にとって利便性の高い路線ネットワークが存在しない限り、ロックイン効果を発揮できない。利便性の高い路線ネットワークを構築するためには LCC が得意とする路線以外の路線にも進出する必要があり、LCC のオペレーション自体に影響を及ぼす。また、FFP を魅力的にするためにはアライアンスに加盟してマイレージを貯めやすくするなど会員の利便性を高める必要性がある。しかし、アライアンスへの加盟によって制約が発生し、LCC 独自のビジネスモデルを維持していくことが困難となってしまう。このようなことからほとんどの LCC は FFP を導入していない。

2-4. まとめ

　LCC の元祖ともいえるサウスウエスト航空の登場から 40 年間の間に航空業界に起こった環境変化は規制緩和、インターネットによる販売チャネルの拡大、技術革新による運航コストの低下である。LCC はそのような環境変

化を追い風に発展してきた。また、「9・11」や世界金融危機による航空需要の低下が LCC の躍進に追い風となったことも否定できない。

　また、持続的に成長している LCC のほとんどが「単一機材・短距離運航・低価格片道運賃・モノクラス・ノーフリルサービス」というサウスウエストモデルの多くを受け継いでいると言っても過言ではない。APJ、イージージェット航空、ライアンエアー、エアアジア等のようにサウスウエストモデルをほぼそのまま導入して成功している LCC もあれば、ジェットブルー航空のようにサウスウエストモデルに倣いながらも IT の活用により販売コストを削減し、シートテレビや無料ドリンクサービスなどの人的サービス以外のサービスを充実させて他の LCC よりも比較的高収益なマーケットで成功している例もある。一方、安全性を軽視した経営により悲惨な事故を起こし破綻したバリュージェット航空は論外としても、サウスウエストモデルに倣ったにもかかわらず市場から淘汰された LCC も多数存在する。つまり、サウスウエスト航空のビジネスモデルも常に有効であるとは言えない。しかし、成功している LCC に共通していることは就航率が高く、運用時間が長く、飛行時間4時間圏内（短距離路線）に航空需要のある拠点空港が存在することである。この空港要件は LCC の低コストの原動力である機材効率に大きく影響する。また、機内での人的サービス、機材整備、営業、販売管理などは省略するかハードウエアでカバーするなど徹底して人的業務を削減していることが成功している LCC の共通要件である。ER Zero 機材の導入は整備にかかる人的業務を削減でき、FFP の切り捨てや単純な料金体系は営業や販売管理に関わる人的業務を削減できる。航空産業の主なコストである機材減価償却や燃油費などは供給先が限定されていることや商品の性質上、コスト差はほとんど発生しない。また、従業員一人当たりの人件費単価を下げることには限界がある。そのため、人的業務を削減することはコスト競争力を高める上で非常に重要である。

　本章では LCC のビジネスモデルの原点である「サウスウエストモデル」がいかにして低コストを実現しているかを検証した。しかし、LCC のビジネスモデルはポーターの「3つの基本戦略」のコストリーダーシップ戦略ではない。コストリーダーシップ戦略では競争相手よりもシェアが大きいか原

材料の仕入れコストが低い等の別の優位性が必要である（Porter 1980, p.36）。
LCC 各社のシェアは FSC に比べて非常に小さく、また前述の理由から原材
料の仕入れコストは航空会社間での差異はほとんど発生しないためコスト
リーダーにはなりえない。サウスウエストモデルは「短距離（2500km 以内）
路線を直行便で短時間で経済的に移動する」という需要に集中した「集中戦
略」で、「単一機材・短距離運航・低価格片道運賃・モノクラス・ノーフリ
ルサービス」はその需要に適合した結果であると言える。

第3章
低価格航空会社(LCC)の
オペレーション戦略

第3章：低価格航空会社（LCC）のオペレーション戦略

　バブル崩壊後の「失われた20年」の間に「格安ビジネス」や「価格破壊」と言われるような低価格を前面に押し出した商品やサービスが市場に登場した。低価格航空会社（LCC）もそのうちの一つである。本章では低価格航空会社のオペレーション戦略とその背景を解明する。

3−1. はじめに

　製造業では低価格商品の開発は安価な原材料への変更や生産工程の海外移転などの生産工程の効率化によって企業の技術力主導で行われる。一方で、生産財の中で人の関与が大きく、生産と消費が同じ場所で同時に行われるサービス業ではターゲットとする顧客層や提供する顧客機能などのマーケティング戦略と密接に相互作用している。言い換えれば、有形の商品と貨幣との交換によってビジネスが成り立っている製造業ではコスト削減は顧客の目の届かないところで行われており、顧客は購入した商品が従来の商品にどれだけ近い品質であるかだけでその価値を判断する。しかし、顧客臨場のもとで顧客と提供者が価値を共創するサービス業では顧客の目の前でコスト削減やサービスの省力化が行われるため、そのコスト削減の過程に顧客の納得度が強く求められる。そのためにサービスではコスト削減とマーケティング戦略が強く相互作用し、顧客のニーズのうち重要なものに絞り込んで、顧客に納得されるローコストサービス、つまり、"Good Enough（必要十分）"なサービスを提供していくことが求められている。

　顧客満足の基準についても製造業とサービス業で大きな違いが発生する。前述の通り、コスト削減が原材料の変更、生産工程の効率化や機能の省略など技術力主導で行われる製造業では顧客が手にした商品が従来の商品にいかに近い品質であるかによってその商品の顧客満足は決定される。言い換えれば、低コストな原材料を使用し、生産工程の一部を簡略化し、部品を削減し、製造拠点を人件費の安い海外に移転していたとしても、科学技術の進歩で従来と遜色のない品質の商品が手元に届いている限り、顧客はコストダウンが行われていることを意識せずにその品質に満足する。一方で、顧客臨場

のもとで生産と消費が行われ、品質を測定する客観的な指標があまり存在しないサービスでは顧客満足を得るための明確な指標は存在しない。本章ではLCC がローコストを実現しながらも顧客にとって "Good Enough" なサービスを持続的に提供していくための戦略を探ることを目的とする。

　航空業界では主な生産財である航空機や航空燃料などは特定の航空会社が独占的に有利な立場にはなく、全ての航空会社が平等な条件で入手可能である。また、運航技術や整備技術も世界的に標準化されており特定の航空会社が独占的な地位にない。このことから航空業界では全ての事業者がほぼ平等な条件でコスト削減に努めることができ、その手法は容易に模倣可能であるため、技術的な問題ではなくオペレーションの仕組み作りによってローコストオペレーションを実現することが各企業のコスト競争力の根源となる。

　本章では、第2節において低コストを実現しながら市場に支持されるための価格・品質戦略、低価格を実現するために不可欠であるオペレーションコストの削減、また、低コストの中でも顧客満足を得る仕組みに関する先行研究をまとめ、市場の支持を得ながらも低価格サービスを実現するための既存の理論的枠組みを探る。第3節では第2節の議論を踏まえた上で、日本のLCC のオペレーション戦略を検証し、LCC がローコストを実現しながらも顧客満足を得て持続的に発展する仕組みを探り、第4節ではそれらの議論をまとめる。

3-2. 先行研究

　ローコストに支えられた低価格を実現しても、「安かろう・悪かろう」では一時的な話題性で顧客を惹きつけることができたとしても持続的な発展は望めない。逆に利益を削ることで本来売れる価格よりも低価格で継続的に販売しているとすれば、それはマーケティング的に失敗である。本節では価格・品質戦略、顧客満足、オペレーション構造とそれをもとにしたコスト削減手法に関する先行研究の論点をまとめる。

3-2-1. 価格と品質の関連性

　コスト削減による価格の低下は顧客に歓迎されるが、その結果として品質

が顧客の許容水準を超えて下回っている場合にはそのサービスや製品は受け入れられない。このように顧客は品質と価格のトレードオフの中で最適点にあると認識するサービスや製品を購入する。本項では価格と品質の関連性に関する先行研究をまとめ、ローコストオペレーションによって生産される低価格サービスのプロダクト戦略を探る。

Martins and Monroe（1990）は製品やサービスの知覚価値は知覚便益（perceived benefit）を知覚費用（perceived sacrifice）で割った商であるとして、「知覚価値＝知覚便益／知覚費用」と述べている。知覚便益とは顧客がその製品やサービスを購入することによって受けると認識する便益のことで、顧客の製品やサービスへの品質判断（知覚品質）と強く相関する。知覚費用とは顧客がその製品やサービスを購入することによって発生すると認識する費用のことで、価格のみならず入手に関連する費用（交通費等）も含まれる。また、この費用には直接の金銭的なものだけではなく、入手の手間などの非金銭的な費用も含まれる。

上田（2004）は上述の Martins and Monroe（1990）の価格公式（Pricing Formula）を発展させて、知覚価値は知覚便益を知覚ライフサイクルコストで割った商であるとした。知覚便益とは製品やサービスに対して認識する効用で、商品やサービスの属性のみならず顧客が享受する技術的サポート、品質イメージ・価格によるプレステージなどの価値を含む。知覚ライフサイクルコストとは顧客が認識する製品やサービスの購入の検討から購入後の維持までを含めた費用のことで、Martins and Monroe（1990）の価格式と同様に価格のみならず入手費用や購入後の維持費などの間接的なコストだけでなく、購入検討にかかる費用や購入した製品やサービスが期待外れであった時のリスクなどの非金銭的な費用も含まれている。

知覚便益の最大の要素である品質については評価の試みは多くなされているが、サービス品質の評価は商品の評価に比べて一般的に困難である。これは無形性や生産と消費の同時性などのサービスの特徴によるものである（近藤 2000, p.1）。サービス品質の評価については工業製品の品質基準である ISO やサービス独自の品質基準である SERVEQUAL などの客観的に評価しようとする枠組みが模索されているが、現段階では汎用性のある客観的な基準は

存在しない。サービスという商材自体の多様性のため、品質基準が多面的で業種による差異も非常に大きいためである（Baker 2013, p.69）。

　近藤（2000）は製品、価格、立地、プロモーション、人材、提供過程や物的要素といったサービスマーケティングミックス（Zeithaml et al., 1996）がサービス品質に影響を与えるものとしてサービス品質を結果品質、過程品質、道具品質と費用の4つの品質要素に分類した。結果品質はそのサービスの中核となる機能の達成度で、航空旅客輸送事業を例にすれば目的地に定刻通り安全に到着できることなどが相当する。結果品質は一般的にある程度客観的に評価が可能で、顧客の嗜好によるばらつきが少ない。過程品質とはサービスを受ける過程で顧客が経験する快適さなどで、サービス提供者の礼儀正しさや親しみやすさなどの品質要素である。航空旅客運送事業においてはグランドスタッフやキャビンアテンダントの礼儀正しさやサービス態度などがこれにあたる。過程品質については顧客のニーズの多様性が高く、評価のばらつきも大きいため客観的評価は非常に難しい。道具品質とはサービス提供の手段である機械、建物やコンピューターシステムなどのハードウエアのことで、航空旅客運送事業では使用する航空機材、座席そして予約システムなどがこれにあたる。この品質要素については顧客の嗜好によるばらつきは存在するものの、結果品質と同様に比較的客観的に評価も容易である。費用についてはサービスの提供価格は勿論のこと、その提供を受けるために必要な入手費用などが含まれる。また、金銭的な費用のみならず、手間などの非金銭的な費用も含まれる。航空旅客輸送事業では運賃、顧客が代理店に支払う手配手数料、空港までの交通費や移動にかかる時間的価値などがこれにあたる。これらの4つの品質要素は常にどの品質要素が特に重要であると言うことではなく、個別のサービスやそのサービスがターゲットとしている顧客層ごとに重要度の比率は異なっている。そのため、提供されるサービスは全ての品質要素において優れている必要はなく、個別のサービスの性質やターゲットとする特定の顧客層に合わせた品質要素を構成することがコスト管理上非常に重要である。

　本項では顧客にとってのサービスの知覚価値の仕組みとその向上戦略に関する先行研究をレビューし、知覚価値を決める重要な要素である顧客便益

（品質）と顧客費用（価格）の関係性をまとめた。サービスの知覚品質は便益（品質）と費用（価格）のトレードオフであり、顧客はそのトレードオフの最適点にあるサービスを購入する。また、品質には結果品質、過程品質、道具品質、費用などの品質要素があり、各品質要素の重要度は提供するサービスの性質やターゲットとする顧客層によって多様である。また、過程品質は顧客の嗜好によって品質評価の基準が多様であり客観的な評価が極めて困難である。つまりコスト削減によって特定の品質要素が低下したとしても、それは必ずしも全ての顧客の知覚価値の低下につながるとは限らず、逆に特定の顧客には極めて重大な知覚価値の低下につながることにもなり得る。そのため、サービスのコスト削減を行うにあたってはコスト削減の影響を受ける品質要素が提供するサービスの性質やターゲットとする顧客層にとってどのような影響を及ぼすかを慎重に見極める必要がある。例えば、航空業界について言えば、チェックインの際に対面での人的サービスを求める顧客もいれば、逆に自分自身でインターネット経由でチェックインすることを好む顧客も存在する。前者のような顧客にとっては対面での人的サービスの実施が知覚品質を向上させ、逆に後者のような顧客にとっては対面での人的サービスの実施は知覚品質を向上させず（場合によっては知覚品質を低下させる場合もある）、むしろインターネット経由でのセルフチェックインサービスの充実が知覚品質の向上につながる。

3-2-2. サービスオペレーションの構造

　田村（1990）は顧客にサービスを引き渡す過程であるサービスデリバリーシステムは人的投入・物的投入・その場に居合わせる他の顧客からの投入の相互作用によってサービス品質というアウトプットを産出する仕組みであるとしている。その相互作用は顧客には接点を持たずフロントの業務を支援するバックヤードと顧客との直接の接点を持つフロント間でも発生するとともに、顧客接点の最前線であるサービスエンカウンターでサービス提供者・顧客間で発生する。また、サービスデリバリーシステムのデザインには個別の顧客のニーズに対応する個客対応戦略と工業と同じように規格化したサービスを安価に提供する工業化戦略の2つがある。前者にはサービスエンカウン

ターで実際に顧客対応にあたるサービス提供者が極めて重要な役割を果たすためサービス提供者への積極的な投資が必要とされる。一方、後者は接客の機械化などのハード技術、接客のマニュアル化やセルフサービス化などのソフト技術や両者を組み合わせた複合技術などによってコスト削減を図っている（Levitt 1976, pp.66 – 67）。

　山本（2000）はサービスオペレーションの構造を顧客からの距離によってバックヤード、フロント、サービスエンカウンターと分類し、各構造においてコスト削減のポイントを指摘している。バックヤードではサービスを提供するための準備活動のような顧客とは直接接触しない活動が行われる。バックヤードで行われる活動はその活動が他企業との競争力のコアとなっていない場合にはアウトソーシングなどによってコスト削減が可能である。フロントは顧客との接触はあるが相互作用の発生しない設備などである。フロントは顧客にサービスを提供する上で直接顧客と接触する構造であるため、常に顧客と同時に存在する必要がある。そのため、顧客の需要に合わせてフレキシブルに供給量を調整することでコスト削減が可能である。また、サービスエンカウンターはサービス提供者が顧客にサービスを提供する構造で、顧客との接触によって双方向の相互作用が発生する。サービスエンカウンターは顧客のニーズに合わせた多様性や柔軟性が求められるが、多様性や柔軟性を担保するためにはコストがかさむことになる。つまり、サービスエンカウンターでの顧客ニーズの多様性への対応力とコストはトレードオフの関係にある。

　このようにサービスオペレーションでは顧客ニーズの多様性と不確実性がコスト削減を妨げる大きな要因となっている。

3 - 2 - 3. 顧客ニーズの多様性と不確実性への対応

　Larsson & Bowen（1989）は顧客ニーズの多様性とサービスへの顧客関与の度合いが不確実性の要因であるとしている。ファーストフードのような顧客ニーズの多様性も顧客関与も低いサービスではバックヤードが相互作用の中心となり、医療などのように顧客ニーズも顧客関与も高いサービスではサービスエンカウンターとフロントが相互作用の中心となる。また、顧客

ニーズの多様性が高いが顧客関与が低い自動車整備などのサービスではフロントとバックヤードが相互作用の中心となり、顧客ニーズの多様性が低いが顧客関与が高いレンタカーなどのサービスではサービスエンカウンターが相互作用の中心となる。そして、顧客ニーズの多様性と顧客関与の程度が高いほど不確実性が増す。顧客関与はセルフサービス化が実現すればコスト削減にプラスになるが、そのためには顧客からの投入が予想可能な範囲内に収まるように適切に顧客の行動を管理する必要がある。また、顧客ニーズを絞り込むことによって不確実性を減らすことも可能であるが、市場拡大とのトレードオフとなる。

Ritzer（1996）はファーストフードサービス店のマクドナルドを例に商品と作業工程の標準化が効率化に重要な役割を果たしているとしている。商品と作業工程の標準化は顧客の行動や対応するサービス提供者の行動の不確実性を減少させ、更にはセルフサービス化によって発生する顧客関与がもたらす不確実性リスクも減少させることができるからである。

山本（2000）はローコストオペレーションを実現するための戦略として工業化戦略、ローコスト顧客開発戦略、モジュール標準化・外部化戦略をあげている。工業化戦略は Levitt（1972）によって提唱された戦略で、バックヤードで標準化・機械化されたサービスオペレーションをサービスエンカウンターにまで適用することによってローコストを実現する戦略である。この戦略の特徴は人的サービスが発生するサービスエンカウンターにまで標準化や機械化が及んでいるため熟練度の低い労働者をサービス提供者として雇用可能である点にあり、人件費の削減が可能になる。また、人的サービスの不確実性を減らすことでサービス品質の安定も期待できる。そして、サービス提供者個人のノウハウの蓄積があまり必要ではないため業務の拡大も比較的容易である。一方で提供可能な顧客対応の多様性と柔軟性は限定的なものとなる。ローコスト顧客開発戦略は Heskett（1986）によって提唱された戦略でローコストオペレーションを実現することが可能な顧客ニーズに特化してサービスオペレーションを構築する戦略である。ローコストを実現できることが可能な顧客ニーズとは自らオペレーションの一部を代替することに意欲的でコスト削減に貢献してくれる顧客ニーズ（レストランのサラダバーなど）

や比較的対応が容易な顧客ニーズ（大阪・東京間のシャトル航空便など）である（山本 2000, p.26）。ローコストの実現と顧客ニーズの双方を満たせるが、対応できる顧客が限られているため市場拡大が限定的となる。モジュール標準化・外部化戦略はオペレーションを構成する活動の管理単位で独立可能なモジュールを標準化し、モジュールが提供するサービスオペレーションの競争力のコアとなっておらず外部委託した方がローコストな場合には外部委託を行う戦略である。モジュールの標準化と外部化によってサービスの柔軟性が限定されるものの、分散している工程が集約化されることによって規模の経済によるコストの削減が期待できる。

　本項ではサービスオペレーションのコスト削減の要因である顧客ニーズの多様性と不確実性に対しての対応をまとめた。サービスオペレーションでのコスト削減は適切な顧客の行動管理下でのセルフサービス化、対応する顧客ニーズの絞り込み、オペレーションの標準化とコアとなっていないオペレーションの外部化などの手段がある。航空旅客輸送事業においても顧客ニーズには多様性が存在する。例えば、チェックインでの礼儀正しい人的サービスを求める顧客もいれば、逆にインターネット経由のチェックインを自ら行い人的サービスをあまり好まない旅客も存在する。また、空港に早めに着いてラウンジでゆっくりしたい顧客も存在すれば、チェックイン締め切り時刻の直前に到着して少しでも時間を無駄にしたくない顧客も存在する。このようなニーズの多様性や不確実性に対応することがコスト削減の障壁となる。つまり、顧客のニーズの多様性や不確実性を減らすことができれば、低コストでのオペレーションが可能となるのである。

3-2-4. 顧客満足

　Oliver（1980）は製品やサービスに対する顧客満足が購入前の期待と実際に購入してからの知覚品質の差異であるとして期待不一致モデルを提唱している。このモデルでは知覚品質が期待を上回った場合には顧客はその製品やサービスに満足を感じてその製品やサービスを再購買意図を持ち顧客ロイヤルティーが高くなり、時には周囲にその製品やサービスの購買を勧めるようになる。知覚品質が期待とほぼ一致している場合には顧客はその製品やサー

ビスに一旦は満足するが、他にそれよりも目新しい製品やサービスが出てきた場合にはそれに容易に乗り換えてしまう。また、知覚品質が期待以下であった場合には顧客の失望の原因になり、そのブランドに対するイメージも悪化する。

　森藤（2009）は日本の医療サービスの事例を用いて Oliver（1980）の期待不一致モデルをもとにした顧客満足形成における期待の役割を検証し、サービスマーケティングにおける期待コントロールの重要性を提起している。期待と知覚品質の差異が顧客満足の形成に直接影響することから企業は顧客の期待を理解し、管理することが顧客満足を形成する上で重要となるからである。

　Rust et al.（1999）は Oliver（1980）の期待不一致モデルでは知覚品質が購入前の期待を超えることで顧客が再購買意図を持つとしていることに対して、顧客の許容ゾーンに知覚品質が入っていれば顧客は再購買意図を持つとする期待分布モデルを提唱している。このモデルでは知覚品質が顧客の許容ゾーンに入っている限りは購入前の期待を下回っていても購入経験のあるサービスを再度選択する傾向が強い。これは実際にサービスを受けた経験によってそのサービスの実際の品質を知ることができるため、再購入時の失望リスクを減らすことができるからである。そのため、新規サービスの導入時に顧客にそのサービスを実際に経験させることが非常に有効である（Rust et al. 1999, p.89）。

　このように顧客満足に関してはさまざまな議論はあるものの、顧客の期待と知覚品質の乖離を減少させ、品質の再現性を高めることが再購買意図の形成につながっているということでは一致している。つまり、品質管理だけでなく期待管理も行い、顧客の期待と知覚品質の乖離を許容範囲に収めることで顧客満足を獲得でき、それが再購買意図の形成につながっている。また、期待は顧客自身が過去に同類あるいは類似の製品やサービスを購入した時の経験の影響を受ける（Oliver 1997, p.63）。そのため、新しく市場参入した商品やサービスの顧客満足度は顧客が以前に購入した類似商品やサービスとの比較によって形成される場合が多い。つまり、ローコストを武器にした低価格商品や低価格サービスで市場に新規参入する企業は顧客から既存の商品や

サービスと同レベルの品質を期待された結果、顧客満足を獲得できないケースも多い。そのような状況を避けるために、低価格を売りにする企業は既存の商品やサービスとの違いを顧客に理解させ、期待管理を行うことが非常に重要となる。また、顧客は購入時の失望のリスクを避けるために期待と知覚品質の乖離が許容ゾーンに入っている限りは購入経験のあるサービスを選択することが多い（上田 2004, p.80）。つまり、顧客が失望のリスクを負うことなく新しいサービスを体験できる仕組み（例えば、新サービス導入時の期間限定の大幅割引など）を作ることも有効である。また、顧客の失望リスクを回避するためにもサービス品質の再現性（安定性）も非常に重要である。航空業界では長期間にわたって運賃に対する規制が強かったため、各社はサービスレベルによる競争を続けてきた。そのため、業界全体のサービスレベルが上がり、顧客も高いサービスレベルを期待することが常態化している。LCCのようにサービスを簡素化した航空会社が登場した場合には従来の航空会社と同じサービスを期待する顧客も一定数存在し、それらの顧客が簡素化したサービスに失望するケースも存在する。そのため、顧客に対して既存の航空会社と違うサービスであることを理解させ、そのような失望を避けることがLCCが顧客満足を上げるうえで重要となる。

3-2-5. 先行研究レビューのまとめ

　顧客は便益（知覚品質）と費用（価格）のトレードオフの中でその最適化点にあるサービスを購入する。しかし、便益（知覚品質）はサービスの性質や顧客の嗜好によって多様であり、費用についても非金銭的な費用は顧客の嗜好の影響を受ける。つまり、便益と費用のトレードオフの最適化点に絶対的なものはなく、サービスの性質や顧客の嗜好による多様性がある。

　サービスオペレーションでは不確実性がコスト削減の障害となっている。サービスオペレーションの不確実性への対応には工業化戦略、ローコスト顧客開発戦略、モジュール標準化・外部化戦略があるが、いずれも標準化によって不確実性を排除しコストを削減する戦略であるため、対応する顧客ニーズを絞り込まざるを得ない。

　低コストで全てのニーズに対応することは困難であるが、特定のニーズに

絞り込んで高い便益（知覚品質）と低い費用（価格）を両立することは不可能ではない。サービスオペレーションの不確実性を減らすことで低い費用（価格）でその顧客の求める便益（知覚品質）を提供することが可能である。不確実性を減らすにはオペレーションの標準化が必要で、対応できる顧客のニーズとのトレードオフの関係にある。

　顧客の期待と提供できる便益（知覚品質）が一致していない場合には顧客満足を得ることができず、不満の原因となる。そのため顧客の期待を適切に管理し、実現不可能な期待を抱かせないことが重要となる。また、失望リスクの回避が顧客の再購買意図の形成に重要な要素となるため、新規参入時には顧客に実際にサービスを体験する機会を提供するなど提供される知覚品質を周知することも有効である。そして、顧客の再購買意図を得るためには便益（知覚品質）の再現性（安定性）の確保も必要である。

3−3. LCC のオペレーション戦略

　LCC のビジネスモデルの核心は低いオペレーションコストに支えられた低価格を武器に価格弾力性の高い需要を取り込み、高いロードファクターを実現し、便あたりの収入を最大化することである。本節では LCC が低いオペレーションコスト実現しながらも、顧客に "Good Enough（必要十分）" なサービスを提供するための戦略を第 2 節でまとめた先行研究をもとに考えていく。

　なお、前述の通り LCC と言われている航空会社、LCC と自称している航空会社は多くあるものの、本邦航空法、米国 FAA・DOT の規定、EU 委員会規則などに LCC の明確な定義は存在しない（山路 2017, p.103）。また、先行研究においては生産の観点から定義したものと販売の観点から定義したものが混在している。前者の代表的なものでは「ノーフリルと呼ばれるサービスの簡素化を軸とする低コストな生産活動を通じ短距離路線を対象に低運賃サービスを提供している」（遠藤他 2011, p.31）と定義されている。また、後者の代表的なものとしては「FSC に対して低運賃を提供する戦略を明確にして市場に参入」（大島 2015, p.33）と定義されている。本章の目的はサービスオペレーションについて論じることであるため、本章では前者（生産の観

第 3 章　低価格航空会社（LCC）のオペレーション戦略　　43

点）の定義を採用することとする。

3 - 3 - 1.　LCC の顧客層の概要

　2012 年に日本に就航した当初は若者の貧乏旅行の交通手段という位置付けであった LCC も就航から時間を経る間にさまざまな顧客が利用するようになった。LCC の就航当初は 20 代男性の利用が主であったが、昨今は 20 代・30 代女性や 50 代男性の利用率が上昇傾向にある一方で、50 代以上の女性の利用者数は伸び悩んでいる（JTB 総合研究所 2017, p.3）。これは LCC のビジネスモデルが旅行会社経由の対面販売ではなくインターネットによる直接販売や OTA（On-line Travel Agent：インターネット旅行代理店）を通した販売を主体としていることから、対面販売での情報提供を重視する顧客層へのアプローチが進んでいないためであると思われる。国内線 LCC のインターネット経由の販売比率は 93.2 ％（直接販売が 74.6 ％、OTA 経由の販売が 18.6 ％）となっており、国内線 LCC におけるインターネット販売比率の高さが際立っている（JTB 総合研究所 2017, p.6）。また、国際線では海外旅行という性質上、一般的に航空券と宿泊を別途手配する個札販売の割合は低くなり、ホテル等とのパッケージ商品の割合が増えてインターネット販売の比率は低くなる傾向にある。しかし、LCC では国際線においてもインターネット販売の比率が 86.4 ％（直接販売が 55.0 ％、OTA 経由の販売が 31.4 ％）となっている（JTB 総合研究所 2017, p.6）。国内線 LCC の利用目的は 85.9 ％が観光などを目的としたレジャーユースで、業務出張などを目的としたビジネスユースは 11.7 ％に過ぎなかった（JTB 総合研究所 2017, p.4）。レジャーユースの旅客はビジネスユースの旅客に比べて価格に対する関心が高く、低価格の LCC が選ばれるためである。一方、ビジネスユースの旅客は FFP（Frequent Flyer Program）のマイレージ積算や機内での無料ドリンクなどの所謂「フリル」の充実を求める傾向が強く、価格に対しての関心は比較的低い。実際、LCC の顧客のエアライン選択理由（複数回答可）の 89 ％が価格の安さであった（JTB 総合研究所 2017, p.4）。このように LCC の主な顧客はレジャーユースで価格を優先し、自らインターネットで旅行を別途手配する手間を惜しまない、LCC のサービスに対して理解がある顧客である。

3-3-2. LCC のプロダクトの特徴とターゲット顧客

　前節で述べたとおり、低コストのオペレーションで一定度の品質を実現するためには対応する顧客のニーズを絞り込むことが重要である。つまり、特定の顧客ニーズに特化することでオペレーションの不確実性を減らし、バックヤード・フロント・サービスエンカウンターの各構造でコストを削減し、低価格を実現することである。本項では、前節の先行研究レビューをもとにLCC がオペレーションの不確実性を減らすためにどのように顧客ニーズを絞り込んでいるかを検証する。

　知覚価値は便益（品質）を知覚費用で割った商である（Martins and Monroe 1990, p.104）ことから、顧客の知覚価値は知覚便益（品質）と知覚費用のトレードオフであり、顧客はその最適点と認識する商品やサービスを購入する。近藤（2000）の 4 つの分類要素では知覚便益（品質）は結果品質、過程品質、道具品質と費用の要素に分類される。

　結果品質に関しては航空輸送事業では安全性、定時性がこれにあたる。FSC（Full Service Carrier）と LCC との間に安全性に関する差異は存在しない。航空旅客輸送事業には世界共通の最低限の安全基準が設定されており、その安全基準に合致しない航空会社は原則的に運航を許可されないからである。定時性に関しては後述の理由による高い機材稼働率のため、FSC に比べてダイヤの復旧が容易ではないが、FSC のように乗り継ぎの旅客を積極的に集客せずに 2 点間移動の直行需要に特化しているため、たとえ遅延が発生しても FSC との差異は大きくなく、知覚便益への影響は限定的である。

　過程品質に関しては人的サービスの質などがこれにあたる。FSC は客室乗務員による機内サービスの充実やチェックインカウンターの多頻度旅客専用レーンや多頻度旅客専用ラウンジに接客専門要員を配置するなど過程品質の向上に力を入れているのに対して、LCC は人的サービスを極力削減している。これは過程品質が顧客ごとのニーズの多様性が高く、ニーズに対応することでオペレーションの不確実性が増加することとコストの投入に対する顧客の知覚品質の向上が極めて不確定であるためである。特に LCC が運航するような短距離路線では、顧客にとっての過程品質の効用が小さく、品質向上のための投資に対するリターンがあまり期待できない。また、過程品質

はサービス提供者のスキルや資質による品質の振れも大きく、サービス品質の再現性を確保することは比較的困難である。

道具品質については LCC は小型機単一機材を使用しているために路線に制約があり、中長距離路線には就航不可能である。そのために中距離路線に就航せずに短距離路線のニーズに特化している。また、機材あたりの定員数を増加するためにシートピッチを FSC よりも短めにしているため快適性に劣るが、LCC の就航しているような短距離路線では顧客にとって座席の快適性の効用は比較的小さい。

費用については運賃などの金銭的費用と手間のような非金銭的費用の 2 つがあるが、言うまでもなく LCC の金銭的費用は FSC に比べて安価である。一方で、非金銭的費用には空港に行く手間、チェックインの手間、予約・購入の手間などがある。空港に行く手間に関しては LCC は FSC に比べて利便性に劣る空港に就航している場合が多い。そのため、大部分の旅客にとっては同じか高くなる。また、チェックインの手間や航空券の予約・購入についても顧客はセルフサービスを強いられるため、同様に同じか高くなってしまう。そのため、LCC は運賃のような金銭的な知覚費用は FSC よりも低いが非金銭的な知覚費用は FSC よりも高くなる。

顧客は知覚価値を最大化するために知覚便益（品質）と知覚費用の最適化点のサービスを購入する。LCC の知覚便益（品質）は快適性や人的サービスの面で劣後しているが、迅速に目的地に移動するという点では特に大きな差異はない。そのため、移動距離が短いなど快適性や人的サービスなどに効用を見出さない顧客にとっては FSC に比べて知覚便益（品質）が大きく低下することはない。一方で、費用に関しては金銭的な知覚費用は FSC より低くなることは勿論、非金銭的な費用も利便性の劣る空港に行くための時間やセルフサービスを強いられる手間をあまり高費用と認識しない旅客にとっては知覚費用の大きな上昇にはならない。このように LCC は迅速に目的地に移動するという便益に特化し、非金銭的な費用をあまり気にしない顧客にとっては知覚価値は高くなる。このように LCC は迅速に目的地に移動することにだけ価値を置く顧客にターゲットを絞ることで、低コストで顧客の高い満足を得るサービスを提供している。

3−3−3. LCC のコスト削減の仕組み

　前項で述べたように、LCC は迅速に目的地に移動するという便益に特化し、非金銭的な費用をあまり気にしない顧客をターゲットにしている。本項では LCC がそれらの顧客に対して低価格を実現するためにどのようにコスト削減を行っているかをバックヤード、フロント、サービスエンカウンターに分けて考えていく。

3−3−3−1. バックヤードにおけるコスト削減

　LCC においてバックヤードとは座席コントロール、運航管理、航空機整備、グランドハンドリング（受託手荷物ハンドリング・機内清掃を含む）、乗務員訓練、整備士訓練、ケータリングなどである。

　座席管理については FSC はイールドマネジメントの手法を導入して複雑な運賃体系を導入したことで、同路線・同日程・同キャビンクラスで多くの運賃とチケットルールが設定されているが、LCC では基本的にひとつの運賃体系であり、購入時期によって価格が変動するのみである（Shaw 2011, p.108）。このような単純な料金体系を採用することで LCC は GDS（Global Distribution System）を持つ旅行代理店に依存せずに直接インターネットなどで販売を行うことができ、旅行代理店への販売手数料や GDS の予約手数料を削減している。また、旅程の変更が不可能で払い戻しを不可とすることで旅客が実際には搭乗しないことも見込んでオーバーブッキングを立てる必要性がない。このように LCC の座席管理システムは既製品をほとんどカスタマイズする必要がないため、システム投資も比較的低コストに抑えることができている。

　運航管理に関しては全ての航空会社が国際的な基準に基づいて行っており、基本的に航空会社間の大きな差異は存在しない。そのため業務はもともと標準化されており、モジュールごとに切り分けてアウトソーシングすることは非常に容易である。特に搭載重量管理（Weight and Balance）業務に関しては労働コストの安いオフショアリング（海外業務移転）も盛んである。そのため、オペレーションのコアとなる一部のモジュールを除いて外部化または中央集中化を行ってコスト削減することが LCC のみならず FSC でも行わ

れている。

　航空会社にとって機材整備は安全上不可欠なものであり、オペレーションコスト的にも無視できない要素である。ICAO（International Civil Aviation Organization：国際民間航空機関）によると全オペレーションコストの約10％強が整備コストとなっており、整備コストの抑制は航空会社にとって経営上、非常に重要な課題の一つである。また、整備は航空会社としての生命線である安全性に最も影響を与える要素である。このため、安全性に影響を及ぼさないことを前提に整備コストを抑制することがLCCにとって重要な課題である。航空機整備は運航管理業務と同様に機種ごとに全世界的に標準化されているためアウトソーシングへの障壁は比較的少ない。定期的に行われるC整備以上の重整備にはハンガーなどの大規模な設備が必要なため、LCCではオフショアリングを含めて外部委託されていることがほとんどである。また、ほとんどのLCCが使用機材を単一機種化しているが、単一機種化は予備部品の在庫削減に貢献する。そして、MRBR/MPD（Maintenance Review Board Report / Maintenance Planning Document）で飛行前点検が設定されていない機種（所謂、ER Zero機材）を採用することも整備コストの削減につながる。通常、航空機は飛行前に資格を持った運航整備士による飛行前点検が義務付けられているが、ER Zero機材では運航整備士による出発前点検を行う必要がない。そのことで、自社の拠点空港以外に整備士を配置する必要性がなくなり、オンコール整備を就航先の整備事業者に外部委託することで就航地を比較的低コストで増やすことができる。

　グランドハンドリング（受託手荷物ハンドリングや機内清掃を含む）やケータリングについてもほとんどの航空会社でほぼ共通の手順が行われているために外部委託のハードルは低い。昨今はFSCの関連会社のみならず専業のグランドハンドリング事業者やケータリング事業者が各就航地に存在しているため、外部委託先の選択肢も増えている。

　また、LCCは短いターンアラウンドタイムと高い機材稼働率によって便あたりのコストをFSCよりも低く抑えている（Shaw 2011, p.106）。LCCのターンアラウンドタイムは国際線で40〜60分、国内線では20〜25分に抑えられており、これはFSCの半分以下の時間である。LCCは機内サービス

をノーフリル化により、ギャレーの清掃や機内食の搭載などの時間を削減
し、便間に客室乗務員が自ら機内掃除を行うなどしてコストを削減している
（Shaw 2011, p.106）。また、受託手荷物の有料化は手荷物ハンドリングコスト
の削減だけではなく、定時性の向上にも有効である。旅客がゲートに時間通
りに現れなかった時にその旅客を搭乗させずに出発するには航空保安上、手
荷物の取り下ろしが必須である。受託手荷物を有料にすることによって旅客
に受託手荷物をできるだけ預けさせないようにすることで、搭乗締め切り時
刻の厳格な運用が可能になる。

　乗務員や整備士の訓練に関しては単一機種化のメリットが大きい。運航乗
務員の資格は機種ごとに異なっており、安全上、1 名の運航乗務員が複数の
機種を掛け持ちすることはできない。このように単一機種化は運航乗務員の
稼働効率を高め、訓練コストの削減にもつながっている。同様に航空機整備
士の資格も機種ごとに異なっている。整備士に関しては複数の資格の掛け持
ちは法的にも問題ないが、単一機種化によって教育訓練のコストを大幅に削
減できる。

3－3－3－2. フロントにおけるコスト削減

　LCC においてフロントとは航空機材（航空機エンジンを含む）、空港など
である。

　航空機材に関しては、リージョナル機を除いては Boeing 社と Airbus 社の
2 社の完全寡占体制になっており、ほとんどの LCC が Boeing 社の
Boeing737 型機か Airbus 社の A320 型機を採用している。航空機エンジンに
関してもロールスロイス社、ゼネラルエレクトリック社、プラットアンドホ
イットニー社とその関連会社の実質上寡占体制となっている。航空機エンジ
ンは機材を決定した時点で選択肢がほとんど限られており、エンジン自体の
性能自体にも大差がないため、その時の価格や航空会社とエンジンメーカー
との関係性によって選択される場合が多い。FSC は国内線にはリージョナ
ル機（定員 80 人弱）、小型機（定員 180 人程度）、中型機（定員 300 人程度）と
大型機（定員 450 人程度）の機材を市場規模に応じて投入しているが、LCC
はどのような市場にも単一機種の小型機を投入している（単一機種化のメリッ

トについては前項参照）。これは 180 人程度の座席数であれば、ある程度の規模の市場に投入すれば満席にすることが比較的容易であるためである。フロントのコスト削減には需要に合わせた供給量の調整が肝要である（山本 2000, p.22）が、LCC は需要に対して控えめの供給量を固定的に投入して余剰生産による無駄を省いている。オペレーション面では Boeing 737 型機や A320 型機などの 180 人程度の小型機は旅客搭降機の際に PBB[1] が使用できなかった場合でもターンアラウンドタイムに対する影響が少なく、地上ハンドリング設備が省略された LCC 専用ターミナルのオペレーションにおいてもデメリットが少ない。2000 年前後に市場参入した ADO や SKY などの航空会社は中型機（Boeing 767 型機）を導入したが、閑散期の搭乗率の維持が困難であっただけでなく、その投入生産量が先発企業の参入阻止行動を誘発する原因にもなった（詳細は第 5 章及び第 6 章で後述）。また、LCC では機材は経年機よりも新造機を使用する場合が多い。これは新造機使用による整備費削減と運航の安定による不確実性の低減が経年機使用による減価償却費抑制の効果を上回るからである。

　空港に関しては FSC が各都市のプライマリー空港に就航するのと対照的に LCC はセカンダリー空港に就航する場合が多く見られる。サウスウエスト航空は、ダラスではプライマリー空港のダラスフォートワース空港ではなく、ラブフィールド空港に就航しており、同様にシカゴでもプライマリー空港のオヘア空港ではなくミッドウエイ空港に就航している（Shaw 2011, p.104）。また、APJ も大阪圏では国内線のプライマリー空港である伊丹空港ではなく、関西国際空港を拠点としている。セカンダリー空港に就航する直接的なメリットは安価な発着料を享受できてスロットの取得も容易であるためである（Shaw 2011, p.105）。また、間接的なメリットとしては定時性と就航率の向上が期待できることである。定時性と就航率はフロントのみならずオペレーション全体の不確実性を減らす上で重要な要素であり、セカンダリー空港への就航は LCC のオペレーション上の不確実性の低減につながっている。また、日本に限って言えば、機材稼働上、深夜時間帯の機材稼働が大き

---

1) Passenger Boarding Bridge

な課題となる。空港からの公共交通機関のない深夜帯の旅客需要が非常に低いことと深夜に離発着できる国内空港がほとんどないことから、一般的に深夜帯には国内線の運航は行われない。深夜時間帯には機材を国際線に投入する、沖縄路線などの深夜でも需要があり離発着可能な空港のある路線に機材を投入する等の方法で機材稼働の向上が可能である。

3-3-3-3. サービスエンカウンターにおけるコスト削減

LCC においてサービスエンカウンターとはチェックインカウンターや機内サービスなどである。

LCC は一般的にチェックインカウンターに関しては拠点空港以外の就航地だけでなく拠点空港においても、締め切り時刻だけではなく便ごとの受付開始時刻を定めている。一方で FSC では拠点空港のチェックインカウンターは初便の運航開始前から最終便のチェックイン締め切り時刻まで常にオープンしており、旅客はその時間内であればいつでもチェックイン可能であることが一般的である。人的サービスを行う場合には顧客自身をサービスエンカウンターに計画的に送り込むことがローコストオペレーションでは重要となる（山本 2000, p.24）ため、チェックインカウンターに来る旅客数をある程度コントロールできることのメリットは大きい。また、LCC は空港施設要件が許す限りチェックインを自動チェックイン機でしか受け付けないなど機械化を進めている。たとえ有人でのチェックインを行う場合であっても、乗り継ぎのチェックインは行わず 1 区間ごとのチェックインしか行わない、事前にインターネットなどで受け付けている以外の座席指定は行わない、追加手荷物料金の収受はクレジットカードのみの支払いにするなどサービスエンカウンターでの対応を単純化している。サービスエンカウンターでのローコストのオペレーションには顧客ニーズの絞り込みが必要である（山本 2000, p.23）ことから、このようなサービスオペレーションはコスト削減に貢献していると言える。また、オペレーションの単純化によってアウトソーシングも容易でほとんどの LCC が空港のチェックイン業務を外部化している。自社従業員の地上係員配置については、FSC では外部委託先では対応できない事象に対応するために各就航地に自社の従業員を配置している場合が多いが、

LCC では極めて稀である。

　機内サービスについては LCC ではノーフリルと言われる簡素化された
サービスが提供されている（遠藤他 2011, p.32）。ノーフリルサービスとは機
内食や飲み物、機内アメニティーや機内エンターテインメントなどの提供を
実施しないまたは有償とするサービスで、コストの圧縮と付帯収入の増加の
効果がある。多くの LCC は短距離路線を運航しているため、旅客にとって
これらのサービスの効用はあまり高くない。しかし、機内サービスが占める
コストは直接コストの 2 ～ 3 ％しか占めておらず（Doganis 2001, p.172）、機
内サービスのノーフリル化による直接の費用削減効果は極めて限定的である
（山路 2017, p.105）という見解も存在する。しかし、サービスエンカウンター
のバラエティーや柔軟性はオペレーションを複雑化しコスト削減を難しくす
るため（山本 2000, p.23）、間接的にはコスト削減につながっていると言える。

3-3-4. 顧客満足と再購買意図

　前項で述べたように、顧客満足と再購買意図に関してはさまざまな議論が
あるものの、顧客の期待と知覚品質の乖離を減少させ、品質の再現性を高め
ることが顧客満足の向上と顧客の再購買意図を引き出していることでは議論
は一致している。LCC は FSC よりも低価格で顧客にサービスを提供してい
るため、サービス品質の向上に使えるコストはかなり限定的である。した
がって、LCC が顧客満足を確保するためには 2 つの戦略が考えられる。

　第 1 の戦略は、顧客の知覚品質に最も大きな影響を与える特定の品質要素
に焦点を当てることである。そして、第 2 の戦略は顧客の期待値を自社の品
質に対して期待過剰とならないように管理することである。LCC はそのコ
スト構造上、サービス改善に使えるリソースがかなり限られているため、顧
客の品質に対する高い期待が失望につながる可能性がある。本項では LCC
が顧客の期待と知覚品質の乖離をいかに回避しているかを述べる。

3-3-4-1. 特定の品質要素への注力

　前述のように、LCC は近藤（2000）が提唱する他の品質要素よりも結果品
質と費用に重点を置いている。結果品質と費用は客観的に評価しやすいので

（近藤 2000, pp.11 – 14）、他の品質要素に比べて投資と顧客満足度の相関が予測しやすいからである。例えば、サウスウエスト航空は、2019 年にアメリカの主要航空会社 10 社中 4 位となる 80.2 ％の「定時到着」記録を達成した[2]。また、顧客からの苦情比率は 0.00033 ％を達成し、米国の主要航空会社 10 社中 1 位となった[3]。前者は、FSC が採用する Hub & Spoke のネットワークではなく、Point to Point のネットワーク構造を採用しているため、遅延の連鎖が発生しにくいという利点があるためだ。また、LCC の簡素化されたサービスポリシーは、サービス障害のリスクを減らし、顧客からのクレーム比率を減らすことができるためである。サービスを簡素化することでサービスの多様性は犠牲にしながらも、客観的に評価される品質要素の向上に集中することで確実に顧客満足を高めていけることにある。

3 – 3 – 4 – 2. 顧客の期待管理

　顧客満足が顧客の期待と知覚品質の乖離の影響を受けることから LCC にとっては顧客の期待の管理が非常に重要となる。前述のように LCC のサービスは特定の顧客ニーズに特化したサービスであるため、想定していないニーズを持った顧客の期待には応えることができない。通常、企業は自社の商品を少しでも顧客に対して高品質に見せようと努力するが、LCC はむしろ自社のサービスの実態を顧客に伝えようとする場合も多い。例えば、LCC の元祖とも言えるサウスウエスト航空は同社にとって可能なサービスしか顧客にコミットしないというサービスポリシーをとっている（Shaw 2011, p.116）。また、日本ではマスコミの取材などで敢えて自社のサービスの実態を伝えることで LCC のサービスとはどういうものかを顧客に伝えることも LCC 就航当初には頻繁に行われてきた。更には、LCC が舞台となるテレビドラマなどを通して LCC のサービスを潜在的な顧客に周知する試みが行われたこともあった。一例をあげると、テレビ朝日系列で 2019 年 7 月 7 日から 9 月 22 日まで放送された「ランウエイ 24」などである。このドラマでは

2）"Air Customer Report 2020, United States Ministry of Transportation" に拠る。

3）"Air Customer Report 2020, United States Ministry of Transportation" に拠る。

第3章　低価格航空会社（LCC）のオペレーション戦略　53

APJが撮影に全面協力しているにもかかわらず、敢えて顧客のチェックイン
ラゲージの料金に関するクレームや機内持込手荷物に対するクレームを拒否
するシーンを登場させている。LCCをまだ利用したことのない顧客やLCC
を利用したことがあっても同じような状況に遭遇したことのない旅客に対し
て敢えてトラブルを見せることでLCCのサービスを理解させるためである。

　また、潜在顧客に購入経験をさせることで、顧客の期待を実際のサービス
レベルと乖離させない試みも行われている。例えば、多くのLCCがロー
シーズンなどで売れ残る見込みの座席を採算度外視の低価格で販売し顧客に
購入経験を促している。顧客はサービスの知覚品質が許容ゾーンに入ってい
る限り失望リスク回避のために購入経験のあるサービスを購入することが多
い（Rust et al. 1999, p.89）ため、顧客に低価格で購入経験を持たせることで顧
客の再購買意図を獲得するためである。

　このようにLCCは顧客がLCCの対応可能なニーズを超えた期待を抱かな
いように顧客の期待管理を行い、また、通常以上の低価格でサービスの購入
体験機会を提供するなどしてLCCのサービスに対する顧客の理解を促して
いる。そのことで顧客の期待と知覚品質の乖離を防ぎ、顧客に再購買意図を
持たせるように努めている。つまり、LCCは提供可能な品質レベルを顧客
の期待が超えないように期待管理を行い、あるいは、提供可能な品質レベル
を超える期待を持とうとする顧客を敢えて販売対象から排除することで、
サービスよりも価格を重視する価格弾力性の強い顧客から高い満足を得る戦
略をとっている。実際、2015年日本版顧客満足度指数（JCSI）によるとAPJ
やJJPなどのLCCは知覚品質では60.0と国内長距離交通分野（国内航空・新
幹線）での調査対象14事業[4]のなかで最下位であるが、知覚価値において
はSFJ、SNA、SKYに続く高いスコアを出しており、ANAやJALのような
FSCよりも高スコアを出している（小倉 2016, p.53）。このように多くのLCC
は知覚品質が低いにもかかわらず高い知覚価値スコアを出している。LCC
は顧客の期待を低めに管理することで高い顧客価値を出し、低価格を実現す

4）AIR DO、ANA、JJP、JAL、スカイマーク、スターフライヤー、ソラシドエア（旧
　スカイネットアジア航空）、Peach Aviation、九州新幹線、山陽新幹線、上越新幹
　線、東海道新幹線、東北新幹線の14事業。

ることで一定度の顧客満足を獲得している。

3-4. まとめ

　LCC の元祖とも言えるサウスウエスト航空の登場から航空業界に起こった環境変化は規制緩和、インターネットによる販売チャンネルの拡大、技術革新による運航コストの低下であった。LCC はそのような環境変化を追い風に発展し、現在では航空業界で無視できない存在となっている。また、LCC の発展に世界金融危機などの世界経済の低迷も追い風となったことも否定できない。

　本項で述べたように LCC は航空旅客輸送事業の多様性の高いニーズの中から特定のニーズに特化したプロダクトを持つことで、バックヤード、フロント、サービスエンカウンターの全てにおいて工業化戦略とモジュール標準化・外部化戦略によってローコストを実現し、マーケティング的にはローコスト顧客開発戦略をとってローコストながらもそれなりの顧客満足を得るサービスを提供している。つまり、知覚便益（品質）の多様性と知覚費用の多様性に着目し、コスト削減と両立するニーズを持った顧客の知覚便益と知覚費用の最適化点（知覚価値の最大化点）のサービスを提供することで顧客満足を得るオペレーション戦略である。

第4章

低価格航空会社(LCC)の
プロダクト戦略

第 4 章：低価格航空会社（LCC）のプロダクト戦略

　米国で産声をあげた低価格航空会社（LCC：Low Cost Carrier）は各国の規制緩和や新興市場での航空需要の伸びを背景に市場での存在感を増してきた。日本においては 20 世紀末前後に ADO や SKY などが大手の寡占状態に風穴をあけるべく市場参入したが、大手の参入阻止行動により商業的には失敗に終わり、現在は大手航空会社の傘下で事業を継続せざるを得ない状況となっている。一方、2010 年代に市場参入した APJ などの LCC は市場での存在感を増してきている。本章では後発且つ生産量・財務規模共に小規模である LCC が寡占市場に参入し持続的に事業を継続するためのプロダクト戦略を探る。

4-1.　はじめに

　1991 年のバブル崩壊に端を発した「失われた 20 年」の間に「格安ビジネス」や「価格破壊」といわれる「低価格」を前面に押し出した商品やサービスが市場に登場し、「低価格戦略」をとる企業の活躍が目立った。このような商品やサービスはデフレ経済の恩恵を受けた一時的なもので、景気の回復によって市場から淘汰されるであろうという大方の予測と裏腹に 2010 年代の景気回復期においてもむしろ活躍が際立っている。特に航空業界では LCC は FSC の反撃によって淘汰されるどころか、存在感を強めてきていると言っても過言ではない。

　マイケル・ポーターは企業が選択すべき競争戦略を①コストリーダーシップ戦略、②差別化戦略、③集中戦略の 3 つに分類した（Porter 1980, p.35）。コストリーダーシップ戦略は規模の経済性を武器に競争相手や潜在的な後発企業に対して圧倒的なコスト差で価格競争への対応力を行使する戦略である（Porter 1980, p.36）。しかし、全ての LCC は後発企業で、規模の経済性を発揮できるような規模の企業ではない。

　本章は LCC が市場参入し、持続的に発展するにあたってのプロダクト戦略を探ることを目的とする。まず、第 2 節では LCC の参入に対しての FSC の対応を競争戦略論の枠組みで分析する。また、第 3 節では FSC が LCC に

対して参入阻止行動の採否を決定する要件を明らかにし、LCC が持続的に事業を継続するために必要な競争戦略を検証する。また、第 4 節では LCC の中長距離路線への進出や上級クラスの導入など、所謂「サウスウエストモデル」[1] に倣わない LCC のプロダクト戦略を検証する。第 5 節ではそれまでの議論をもとに寡占市場に参入する LCC のプロダクト戦略を明らかにする。

4－2.　新規参入と先発企業の戦略

　低価格戦略をとる後発企業の存在は先発企業にとって大きな脅威である。低価格を武器に価格弾力性の高い顧客を奪われてしまうかもしれないし、「買い手のバーゲニングパワー」が強まることにより値下げ圧力を受けることになる。そのため、先発企業は参入阻止価格での対抗や差別化によって価格競争を避けるなどして値下げ圧力を回避している。本節では参入障壁と差別化戦略について検証する。

4－2－1.　航空輸送事業における参入障壁

　産業組織論では参入障壁は特定産業に新規に参入しようとする企業に掛かるコストで先発企業にはかからないものと定義されている（Stingler 1968, p.67）。特定産業に新規参入する企業が先発企業に対して同質な商品やサービスを提供する上で費用優位性で大きな不利にならず、先発企業の価格設定から参入後の利益をある程度見積もることができるコンテスタブルマーケットに近い環境では参入障壁は低く、逆の環境では参入障壁が高くなる。参入障壁を作る要因は絶対的費用障壁とサンクコストで、前者は何らかの理由により先発企業が後発企業よりも絶対的に低いコストで商品やサービスなどの財を生産できることであり、後者は商品やサービスなどの財の生産に関係なく発生する費用で撤退時に回収が不可能な費用のことである（小田切 2001, p.77）。

　航空輸送事業のサンクコストは鉄道事業など他の運送事業に比べて低い。主要な生産手段である航空機はリースで調達可能で、中古市場でも流動性が

1）単一機材・短距離運航・低価格片道運賃・モノクラス・ノーフリルサービス。

高い（小田切 2001, p.82）。また航空機はほとんどが Boeing 社と Airbus 社の 2
社のみで生産されており、エンジンもロールスロイス社、プラットアンドホ
イットニー社、ゼネラルエレクトリック社の 3 社かあるいはその関連企業で
生産されており、事業計画にしたがって機材性能を決定した時点で選択肢は
限られていて調達コストに大きな差はない。また、航空機整備や運航管理な
ども国際的な基準に従って行われているため、航空会社間の差異は存在しな
い。燃料に関しても商用航空機で使用されている Jet A-1 燃料は相場商品で
あり調達価格に大きな差はつかない。また、空港発着料についても航空会社
は機材に応じて平等に課金されており、新規参入の LCC が優遇されること
はあったとしても、既存の FSC が優遇されることは極めて稀である。しか
し、混雑空港の発着枠については FSC が既得権益として多くの発着枠を保
有しており、LCC がその発着枠を得ることは容易ではない。つまり、航空
産業においての絶対的費用障壁で最も大きなものは発着枠である（小田切
2001, p.82）。また、航空輸送事業は政府による許認可事業となっており、新
規参入には路線免許の取得が必要である。高収益路線の路線免許は FSC の
既得権益となっており一般的に取得が困難である。そのため、参入が認めら
れたとしても多頻度運航を行うことができず、旅客にとっての利便性は低
い。一方、FSC は豊富にある発着枠や路線免許を使った多頻度運航により
顧客の利便性を高め、LCC よりも高付加価値のサービスを提供することが
可能である。また、LCC と競合しない時間帯の収益を原資に競合となる発
着時間帯の価格を下げて LCC のサービスの価格競争力を大幅に失わせるこ
とができ、LCC の高採算路線への参入を阻害することも可能である。この
ように航空輸送事業では混雑空港の発着枠と高収益路線の路線免許が LCC
にとっての最大の参入障壁となっている。

4－2－2. 新規参入と先発企業の差別化戦略

　Kotler（2012）は市場シェアで圧倒的優位を持つマーケットリーダーのと
るべき戦略はフルライン戦略と同質化戦略であると述べている。同質化戦略
とは競合他社と同質の商品やサービスを市場に供給し、自己のシェアを保持
していくことである。言い換えれば、競合他社の商品やサービスのイミテー

ションを時間を置かずに市場に投入するという戦略である（谷地 2012, p.49）。しかし、競合他社が仕掛けてくる戦略が低コストを武器にした低価格戦略であった場合には、マーケットリーダーはコスト差によって苦戦を強いられるか、あるいは少なくとも自己の収益率を圧迫されることにもなる。

　低コストを武器に新規参入する者に対して先発企業が取り得るもう一つの選択肢は自社の商品を差別化することによって後発企業との価格競争を避けることである。差別化は顧客にとっては自身の嗜好に基づいて選択肢が増えるというメリットもある。

　差別化とは同業他社に比べて特異なものと市場が認知する商品やサービスを創造することで（Porter 1980, p36）、商品に多様性をつくり市場に不完全競争状態を作ることである（Smith 1956, p.5）。つまり、差別化には顧客に価格以外の選択要素を与えることにより選択の基準を複雑化し、価格競争による利益率の低下を抑える効果がある。また、低価格戦略をとる競合他社に対して一つまたは複数の要素の特異性を高めて競合他社が代替性のある商品やサービスを模倣できなくすることで、顧客の選択肢をなくす効果もある。その反面、差別化を進めていくと特定の顧客ニーズに集中せざるを得なくなり既存の市場シェアの確保が困難となる（Porter 1980, p36）。また、差別化は一般的にコストとのトレードオフであり、価格負担力のない顧客を他社に奪われてしまう可能性も高い。これは、差別化された商品やサービスが高品質であることを顧客が認知したとしても、必ずしも顧客がその品質を必要としているとは限らず、その高価格を負担できるとは限らないからである（Porter 1980, p36）。しかし、差別化を進めることによって高付加価値（高利益）な商品やサービスに経営資源を集中することが可能で ROI を向上させることもできる。このように差別化は付加価値とマーケットシェアのトレードオフを伴い、先発企業の差別化によってできたマーケットシェアの空白には新規参入事業者の参入余地が発生する。

　航空輸送事業においても LCC の市場参入に対しての FSC の反応は一般的に 2 パターン存在する。価格攻勢を行い LCC を市場から排除するパターンと FSC が差別化によって価格競争を回避するパターンの 2 つである。航空輸送事業は他の産業に比べて顧客機能が単純で、顧客の購入先選択における

価格弾力性が非常に高い。そのため、LCC が低コストを武器に低価格攻勢をかけてきた場合には FSC は価格競争に巻き込まれやすく、LCC に比べてオペレーションコストの高い FSC は不利な競争を強いられるかに見える。しかし、燃料費や空港使用料等の変動費は FSC（先発企業）と LCC（後発企業）の間には大差がなく、主なコストの違いはラウンジなどの運営費、人件費や機材整備施設などの短期的な生産量に関係なく実質上固定費となっている費用である。そのため、路線単位の損益を度外視してでも、燃油代や発着料などの生産量に直接影響を受ける費用さえ賄うことができれば、価格競争に出るという選択肢も FSC は持っている。また、短期的な赤字を甘受してでも価格競争に出て LCC を市場から排除するという戦略に出ることも可能である。その場合には FSC と LCC の間で消耗戦となり、資金面で劣る LCC に不利な結果となる場合が一般的である。また、FSC は LCC に対してオペレーションコストの優位性はない反面、人的資源や設備面などで圧倒的優位にあり、差別化によって LCC との直接の価格競争を避ける戦略を取ることもできる。商品面では潤沢な発着枠を活用した多頻度運航、豊富な機材構成を活かしたネットワークの拡充、多頻度顧客に対するラウンジサービス、上級クラスの設置や人的サービスの充実などで旅客の利便性を向上させ、販促面ではブランドイメージ向上のためのメディアでの広告、多頻度顧客に対するマイレージサービスや特典航空券の提供などを実施し、販売チャネル面ではビジネス需要を取り込むための法人向け対面営業の強化や傘下の旅行社による富裕層向け旅行商品の販売などを行って LCC に対して差別化することが可能である。

4-3. 先発企業が後発企業に対する対抗戦略を決める要件

　本節では先発企業が後発企業に対して参入阻止行動をとるか否かを決定する要因を検証し、生産量的にも財務的にも小規模である LCC にとって好都合である FSC が「参入容認（協調）」の戦略を選択する要件を明らかにし、LCC の採るべき戦略を明らかにする。

　前節で述べた通り、FSC は混雑空港の発着枠と高収益路線の路線免許にもとづいた圧倒的な競争力により後発企業の市場への参入を容易に阻止する

ことが可能である。実際、過去に ADO の羽田・新千歳線や SKY の羽田・福岡線への参入など、所謂「ドル箱路線」へ LCC が参入した時には FSC は揃って価格攻勢で LCC を排除する行動を取った。両社は就航当初は徹底したコスト削減に支えられた低価格により大手 FSC の牙城を崩すことを期待されていたが、2019 年 7 月現在、大手 FSC 傘下で運航を継続せざるを得ない状況となっている。

　低価格戦略は競合他社がその効果を測定しやすいことから他の戦略に比べて競合他社の参入阻止行動を招きやすい（Chen and Miller 1994, p.88）。LCC は低価格を武器に市場の支持を得るというビジネスモデルであるため、FSC にとってはまさに参入阻止行動の対象である。しかし、2012 年以降に日本の航空市場に参入した APJ などの LCC は大手 FSC の傘下企業であるという面もあるものの、特に目立った参入阻止行動を受けていない。

　先発企業が参入阻止行動を取るのは低価格を武器にする新規参入事業者のサービスまたは製品が自社のものと代替性が高いケースである。このようなケースでは後発企業の製品やサービスが既存の製品やサービスの需要を奪う。その場合、先発企業は同質化戦略をとり、新規事業者の参入を阻害する。しかし、マーケットリーダーである先発企業にとって同質化戦略をとり後発企業と同じような製品やサービスを同じような低価格で市場に投入し、新規事業者の参入を阻止することが常に合理的であるとは限らない。先発企業が後発企業と同じような製品やサービスを低価格で市場に供給すれば、高価格で売れている既存製品やサービスの収益性まで下げてしまうからである。つまり、先発企業が参入阻止を行わないのは低価格戦略で負けることを恐れてではなく、既存の製品やサービスの需要への影響を恐れるためである（Judd K. 1985, p.158）。しかし、製品やサービスの代替性が低いからといって、後発企業が先発企業から参入阻止行動を受けないと一概に言うこともできない。後発企業が極めて代替性の低い製品やサービスで市場参入してきた場合には既存企業は自社の製品やサービスの需要への影響を考慮する必要がなく、低価格戦略をとって後発企業を市場から排除する行動をとることができるからである（淺羽 1991, p.15）。

4-3-1. 先発企業が参入阻止を行う場合

　航空輸送業のような設備型産業では先発企業（FSC）が後発企業（LCC）に対して圧倒的に大きな財務規模を持つ。また、前述のようにLCCのFSCに対するコスト優位性の要因は変動費部分であるため、ネットワーク全体の採算さえ合えば路線単位の採算を度外視して後発企業の参入した特定路線の価格を下げて後発企業の参入を阻害することは難しいことではない。そのため、同じような路線、同じような時間帯、同じようなサービスで後発企業が低価格を武器に参入してきた場合には、FSCは後発企業とほぼ同様か場合によってはそれ以下の価格を出して後発企業の参入を阻止するという戦略を採る場合が多い。後発企業に対してFSCが阻止行動をとった典型的な例としてあげられるのが1998年12月にADOが羽田・新千歳路線に参入した時のケースである。ADOなどの後発企業が苦戦を強いられた要因には低運賃でありながらコストはさほど低くないことやS字カーブ効果[2]が生産量シェアの少ない後発企業に不利に作用したこともあるが、FSCによる参入阻止行動があったことも大きな原因の一つである（村上2008, p.88）。ADOは1998年12月に羽田・新千歳線にFSCの普通運賃の6〜7割という低価格で参入したが、参入直後からのFSCによる参入阻止行動により経営不振となり、2002年6月には債務超過に陥ってしまった。ADOは搭乗時にPBBを使用せずオープンスポットを使用するハンドリングや機内で飲料を提供しないなどのLCC的な要素はあったが、羽田空港発着国内幹線の昼間便にワイドボディー機材で参入したため、FSCの国内線のサービスと決定的な違いはなくANA、JALやJASなどのFSCのサービスとの代替性が高かった。そのため、FSCはADOに自社の旅客を取られてしまうことを恐れ、同じような発着時間の便の料金をほぼ同水準まで引き下げる[3]などの参入阻止行動をとった。

　2）航空会社の出発便シェアが50％に満たない時、便数シェアが10％増加すると旅客シェアが15％程度大きく増加する現象（村上他2006, p.57）。

　3）日本航空1998年12月18日プレスリリース第98069号によると同社は羽田札幌線に1999年3月より特別割引料金を設定し、ADOとほぼ同水準の料金を設定した。

第4章　低価格航空会社（LCC）のプロダクト戦略　　63

4−3−2.　先発企業が参入阻止を行わない場合

　ADO のように FSC によるあからさまな参入阻止に遭い、債務超過に陥る後発企業がある一方で、2012 年以降に参入した APJ などのように参入阻止に遭わないケースも存在する。前述のように新規参入に対して既存のリーダー企業は必ずしも常に同質化戦略によって参入阻止を図るとは限らないからである。既存のリーダー企業が提供するサービスや製品とある程度代替性があったとしても、自社にとって重要ではない特定のセグメントに特化した製品やサービスで新規参入する企業にはリーダー企業は参入阻止行動に出ず、差別化戦略をとって協調行動に出る場合もある（淺羽 1991, p.15）。

　このような現象は航空業界のみならず数々の業界で見られ、1980 年代後半にビール業界で発生した「アサヒスーパードライ」のケースが有名である。ビール業界では長年にわたってキリンが市場の 50 ％以上を占める状況が続いてきたが、アサヒスーパードライの参入によって 1989 年にはキリンの市場シェアはついに 50 ％を割り込み 48 ％となった（淺羽 1991, p.13）。スーパードライの成功以前にもキリンラガーの牙城を崩す試みがあったが全て失敗に終わっている。アサヒスーパードライはキリンラガーに対して「ドライ」という市場に特化した商品であったため、リーダー企業であるキリンが自社の既存製品への影響を恐れて参入阻止行動を控えたのであった（淺羽 1991, p.14）。

　航空業界では、関西国際空港をベースに 2012 年に新規参入した APJ が 2016 年 3 月期の決算で 27 億円強の純利益を出し、僅か 3 年間で創業以来の累積損失を一掃した[4]。ADO などの 2000 年前後に新規参入した後発企業の試みは全て ANA、JAL や JAS などの FSC の参入阻止行動により商業的に失敗に終わったにもかかわらず APJ が生き残ることができた理由は同社の効率的な経営の成果でもあるが、FSC が同質化戦略による参入阻止行動に出ずに差別化戦略を取ることで新規参入を許したことも大きな要因である。このケースに関して言えば、APJ が FSC である ANA が出資・設立した関連会社であることは APJ が大手にとって参入阻止行動に出るような脅威になら

---

　4) Peach Aviation　2016 年 6 月 14 日付　プレスリリース。

ない戦略を採っていることを示している。つまり、出資者である ANA に
とっては APJ によってコスト的に手を出せなかったローエンドのマーケッ
トを自社ブランドの価値を落とすことなく取り込むことができるようにな
り、JAL にとっても自社ブランドの価値を下げてまでローエンドのマーケッ
トを取りに行く動機は存在しなかった。

　LCC のビジネスモデルは特定区間の 2 地点間を直行便で移動する価格弾
力性の高い需要を取り込むモデルである（重谷 2018, p.64）。FSC にとっては
乗り継ぎの発生しない直行便需要は高い価格で売れる路線であるため、価格
弾力性の高い低価格（ローエンド）の需要を取り込むことはさほど重要では
ない。また、セカンダリー空港を利用しての需要はプライマリー空港を利用
しての需要に比べて利便性に欠けるため、一般的に代替性が高くない。その
ため、FSC にとっては無理して新規参入する LCC に低価格で対抗するより
も差別化によって自社の商品力を高め、価格弾力性の比較的低い高価格（ハ
イエンド）の需要を取り込んだ方が合理的であるという判断も十分にあり得
る。また、後発企業が先発企業に参入阻止の動機を与えないためには、先発
企業にとって重要な需要を取り込む意志がないことを認識させるコミットメ
ントを行うことが有効である。LCC の単一機材戦略は先発企業に対して、
LCC の事業範囲を限定するコミットメントとして作用している。機材を 1
機種に絞り込むことによって対応できる市場規模と路線を限定し、競合する
需要が極めて限定的であることを FSC に認識させている。

　APJ の例では拠点空港が関西国際空港であることから FSC にとって比較
的優先度が低い（つまり、参入阻止行動を行う動機の低い）関西圏の顧客層を
主なターゲットとしている。また、国内線空港としては関西国際空港は関西
圏のプライマリー空港ではないため、FSC がほとんどの国内線を就航させ
ているプライマリー空港の大阪国際（伊丹）空港に比べて利便性に劣り、代
替性がさほど高くない。また、首都圏発着国内線は全てプライマリー空港の
羽田空港ではなく成田空港の発着となっているため同様に代替性は高くな
い。国際線に関しても FSC が戦略マーケットとしている首都圏からはビジ
ネス客がほとんど利用しない近距離深夜便を就航させているのみで主なネッ
トワークは関西圏発着である[5]。また、機材は A320 を使用機材として単一

化しているため、定員はモノクラス 180 名程度で FSC が国内幹線に投入している機材（Boeing787 型機）の半分程度、運航効率的に概ね 4 時間程度の飛行時間が顧客サービス的に限界である。このように APJ は FSC との競合を極力避け、そのことを単一機材というコミットメントで示すことによって FSC からの参入阻止行動を回避し、持続的な発展を続けている。

4−4. LCC の新戦略

　短距離路線に特化したネットワーク・ノーフリルサービス・モノクラスによってコストを抑えたサービスが LCC の最大の武器とされていたが、昨今は中長距離路線への進出や上級クラスの導入などの新しい動きが出てきている。本節ではそのような LCC の新しい動きの背景を探る。

4−4−1. 中長距離路線への進出

　昨今の LCC の動きとして中長距離路線への参入が挙げられる。一般的に LCC の路線距離は飛行時間にして 4 時間程度、距離にして 2500 キロメートル程度と言われているが、2007 年にはエアアジアグループ傘下のエアアジア X がクアラルンプール・ゴールドコースト間に就航し、2010 年にはクアラルンプール・羽田線で日本に就航を果たしている。また、JAL 傘下のジップエアは 2020 年サマースケジュールから中長距離 LCC 事業に参入した[6]。LCC が提供するノーフリルサービスは飛行時間が長時間にわたる中長距離路線では FSC との効用の差異が大きくなり、顧客の価格弾力性が鈍化してしまい、短距離路線ほど容易には価格弾力性の高い旅客を取り込むことが難しくなってしまう。また、中長距離路線では総費用に対する管理可能費用[7]の割合が低くなるため、管理可能費用を低く抑えることで低コストを実現している LCC にとっては不利となる。また、中長距離路線は短距離路線に比

5）2019 年サマーダイヤ。

6）2019 年 3 月 9 日付　株式会社日本航空　プレスリリース。

7）企業の経営努力によって削減可能な費用。航空会社では人件費、グランドハンドリング費、機内サービス費などが該当し、逆に燃油費、機材の減価償却費、発着料などが管理不可能費用となる。

べて1回の飛行時間が長くなるため、自ずと機材の稼働効率が向上する。そのため、ターンアラウンドタイムの削減による機材稼働向上やクルー稼働向上の改善余地が少なく、LCC の FSC に対するコスト優位性を発揮しにくい。そのため、LCC にとっては中長距離路線に参入していくことの勝算は小さいように見える。しかし、中長距離路線では「距離の経済性」[8] によって距離あたりの運航コストが低下するので LCC が参入することも合理性がある（村上 2008, p.85）。また、価格層には非対称性があり、低価格を売りにする LCC の参入は FSC にとって大きな脅威とは考えられない。低付加価値商品の顧客は高付加価値商品の値下げには高感度に反応するが、高付加価値商品の顧客が低付加価値商品の低価格に反応することは極めて限定的である（Robert, J. & Hermann, S. 1996, p.88）。そのため、FSC が新規参入する LCC に対して自社の価格を下げてまで参入阻止行動に出る可能性は低い。つまり、サービスを高付加価値化して FSC と競合しようとするなど必要以上の輸送力を投入して自ら搭乗率を下げるような行動を取らない限り、中長距離路線においても一定の条件下では LCC は持続可能であると考えられる。LCC の中長距離路線進出に関しては第7章で詳細に述べる。

4－4－2. 上級クラスの導入

　LCC の中長距離路線への進出に伴い、一部の LCC では従来のビジネスモデルの常識を覆して上級クラスを導入する動きも出てきている。エアアジアX の「プレミアムフラットベッド」、スクートの「スクートビズ」とジェットブルーの「ミント」などの上級クラスはおおよそ6時間以上の飛行時間を要する路線（距離にして約4000キロメートル以上）に設定され、FSC のビジネスクラスまたはプレミアムエコノミークラスと同等のシートと機内エンターテインメントシステムを提供し、機内食も料金に含まれている。ノーフリルサービスによる低コストを武器に低価格で価格弾力性の高い顧客を取り込んできた LCC が上級クラスを導入してフリルサービスを行うことで FSC

---

8) 航空機は離着陸時に燃料を多く消費し水平飛行時には燃料の消費が少ないという特性があるため、移動距離の割に離着陸回数が少ない長距離路線では距離あたりの燃料消費が小さくなる。

とのサービスが同質化してしまえば、競争が激化し、運賃が低下し各航空会社の利潤は減少するとの見方も存在する（村上 2008, p.87）。つまり、LCC と FSC が競合となり、両者ともに利潤がなくなるまで価格を下げるという悪循環に陥るとの見方だ。しかし、FSC のビジネスクラスを利用する旅客の大半はサービスが同じであった場合でも単純に価格のみで航空会社を選ぶような購買行動を取るとは限らない。FSC のビジネスクラスを頻繁に利用するような旅客層はマイレージプログラムの恩恵を強く受けており、マイレージプログラムがそもそも存在しないか、たとえ存在したとしてもそのベネフィットが極めて低い LCC を選択するケースは極めて限定的である。そのため、LCC が上級クラスを導入することは必ずしも FSC にとって参入阻止行動を行うほど脅威であるとは限らない。また、LCC は特定の 2 点間の直行便需要に特化していることも FSC との競合を防ぐ一因となる。一般的に FSC の上級クラスを利用する旅客は乗り継ぎ便を利用せざるを得ない時でもスムーズな乗り継ぎなどの高い利便性を求めている。しかし、LCC のスケジュールは乗り継ぎを考慮しておらず、乗り継ぎチケットも販売していないため[9]、旅客は非常に大きな不便を強いられる。つまり、LCC の上級クラスを利用する旅客は FSC の上級クラスを頻繁に利用するような旅客ではなく、いつも LCC を利用している旅客や FSC のエコノミークラスを低価格のブッキングクラスで利用しているような旅客が少し贅沢をしたい場合に利用していることが大半である。そのため、FSC の上級クラスを利用するような旅客層が LCC の上級クラスを利用することは極めてまれで、FSC との競合は極めて限定的と言える。そのため、FSC にとっては自社の価格を下げてまで参入阻止行動を行うよりも、差別化によって自社のサービスの付加価値をあげることが合理的となる。

　このことから、上級クラスを市場投入する LCC にとっては FSC を模倣してマイレージプログラムや乗り継ぎの利便性を高めるよりも、コスト削減に

9）通常、乗り継ぎ設定のないチケット（別切りチケット）で乗り継ぎを行った場合には受託手荷物を一度引き取って再度チェックインする必要があること、全便の遅延により乗り継ぎ便に接続できなかった場合の補償がないことなど乗り継ぎ設定のあるチケット（スルーチケット）に比べてさまざまな不利益がある。

よって低価格な上級クラスを提供することの方が FSC の参入阻止を受ける可能性が低く合理的であると言える。

4-5. プロダクト戦略からみた LCC の存立の条件

第3章および第4章では LCC のプロダクト戦略から LCC 存立の条件を探った。後発企業として非対称競争下の市場に参入する場合が多い LCC のプロダクト戦略は価格弾力性の高い旅客を低価格で取り込むことを目的としているが、同時に先発企業である FSC からの参入阻止を回避することも必須条件となる。つまり、FSC にとって戦略的に重要とされない顧客を取り込み、FSC に同質化戦略による参入阻止行動をとるモチベーションを与えないことが重要となる。そのために LCC は敢えて FSC に品質面で劣後するプロダクトを FSC の事業に大きな影響を及ぼさないような規模で、FSC が事業の採算的に販売したくないような価格で販売することで FSC による参入阻止行動を回避する必要がある。FSC と LCC のプロダクト戦略の違いを〈図表4-1〉に示す。

4-6. まとめ

本章では LCC の市場参入戦略をプロダクト戦略の観点から探った。FSC に比べて生産量的にも財務的にもはるかに小規模である LCC が航空輸送事業という寡占市場に後発企業として参入していくためには、FSC にとって参入阻止行動に出るまでの脅威を認識させないようにして、共存する戦略をとることが必要であることが明らかとなった。実際、生き残っている多くの LCC は単一機材による参入路線の限定、非プライマリー空港への就航、2地点間移動に特化したスケジュールなどのコミットメントを行っており、それよって FSC に市場参入による脅威を認識させず、参入阻止行動を控えさせている。新規参入してくる LCC に対して脅威を認識しなかった FSC は差別化戦略をとって LCC と価格競争は行わずにローエンドのマーケットを LCC に譲り、収益性の高い市場に集中するようになる。

LCC が中長距離路線への進出や上級クラスを導入していくにあたっても上記のようなコミットメントの下で行う限り FSC の参入阻止行動に遭う可

〈図表 4 - 1〉　FSC と LCC のプロダクト戦略の違い

要素	FSC	短距離 LCC	備考
路線距離によるコスト競争力への影響	機材稼働やクルー稼働には改善余地があるが、さまざまな距離を運航していることから、サービスレベルの一貫性や労使関係などにより機材稼働・クルー稼働の向上は困難。	短距離路線しか運航していないため、ターンアラウンドタイムの削減による機材・クルー稼働の改善余地を活かすことができる。	改善余地が LCC のコスト競争力の源泉となる。
就航空港	プライマリー空港が第一選択となる。	セカンダリー空港が第一選択となる。	運航効率や発着料の削減だけではなく、敢えてセカンダリー空港に就航することで FSC との競合を避ける。
接続旅客の取り込み	積極的に取り込んでネットワーク全体の売り上げ最大化を目指す。	ハンドリング効率を優先し、積極的には取り込まない。	直行便需要に特化することで、FSC が取り込みたくないローエンドの顧客を集客する。
使用機材選択	路線距離や市場規模に合わせたさまざまな機材	小型機単一機材（Boeing737型機・AirbusA320 型機）	機材を小型機に限定することで、FSC に対してその機材で運航できる特定路線にしか就航しないことをコミットする効果もある。
サービス・ラウンジなど	きめ細やかな機内サービスと高頻度旅客むけの空港ラウンジで顧客を取り込む。	機内食や飲み物などの機内サービスは基本的に有料。空港ラウンジサービスはなし。	人的サービスを削減することで確実に知覚品質につながる結果品質（移動）に特化する。
燃油価格の影響	さまざまな距離の路線の組み合わせで燃油価格の変動をある程度吸収できる。	短距離路線しか運航していないため、総運航費用に対する燃油費の割合が相対的に低く、変動の影響は限定的。	
上級クラスの導入	ブランド価値として十分な上級クラスの座席数を確保することが必要	モノクラス	中長距離を運航する LCC では上級クラスを導入している場合がある。

能性は低く、FSC と共存できる可能性が高い。

　かつては長距離路線に就航するには Boeing747 型機のような多発機や双発

機であっても Boeing777 型機などの大型機が必要であったが、昨今の航空技術の発達によりその前提は覆りつつある。Boeing787 型機や AirbusA330neo 型機の登場により双発の中型機でも日本・米国東海岸路線のような長距離路線に就航できるようになり、中型機単一機材でカバーできる就航地が大幅に広がった。このことで FSC のオペレーション戦略も経由便によるハブアンドスポーク方式を前提としたものから、直行便によるポイントツーポイント方式にシフトしつつある。つまり、Boeing787 型機や AirbusA330neo 型機などの高性能中型機の登場は長距離路線市場に LCC が参入していくのにまたとないチャンスであると同時に、FSC と LCC の路線が競合となる路線が増加していくことも意味している。このように航空機材の技術向上による競争戦略への影響については今後検証の余地がある。

第 5 章
低価格航空会社（LCC）の
プライシング戦略

第5章：低価格航空会社（LCC）のプライシング戦略

　1990年代後半に新規参入したADOをはじめとした航空会社が自主経営に
行き詰まる一方で、2010年代に新規参入したAPJなどの航空会社は好調な
業績をあげてきている。航空業界のような寡占化が進行した業界では先発企
業がそのスケールメリットを活かして後発企業を市場から排除することは非
常に容易である。そのような競争環境では、一方的に優勢である先発企業と
一方的に劣勢である後発企業という非対称競争の様相を呈する場合が多い。
本章では非対称競争下の日本の航空業界において後発企業であるLCCが生
存していく戦略をプライシング戦略の観点から検証する。

5-1. はじめに

　前述の通り、1978年のカーター政権による規制緩和をきっかけとして世
界的に航空業界の規制緩和が推し進められた。米国に遅れること約20年、
日本でも1990年代後半には「45・47体制」が撤廃され、ADOなどの新規
航空会社の参入が認められた。規制緩和によって既存航空会社間の統合が進
み航空業界の寡占状態は更に強化された一方で、多くの新規航空会社が市場
に参入し、あるものは淘汰された。日本3大航空会社の一つであったJAS
も2004年に日本航空ジャパンと改名し、2006年にはJALに実質上吸収合併
された。2000年代に入ると1990年代後半に新規参入を認められた航空会社
が自主経営に行き詰まり、既存大手航空会社の傘下で事業を継続することと
なった。一方で、自ら低価格航空会社（LCC）と名乗るAPJなどが市場に参
入し、新しい航空需要を発掘した。

　航空業界のような大手数社による寡占化が進行した業界では先発企業と後
発企業の関係性は一方的に優勢である大手先発企業と一方的に劣勢である後
発企業という関係になる場合が多い。そのような競争環境では先発企業がそ
のスケールメリットを活かして後発企業を市場から排除することは非常に容
易である。つまり、先発企業と後発企業の競争は対等な条件で顧客からの支
持を競う対称競争ではなく、先発企業が一方的に後発企業の生殺与奪権を
握った非対称競争となる。非対称競争では先発企業が後発企業に対して参入

第5章　低価格航空会社（LCC）のプライシング戦略　73

阻止行動をとった場合には先発企業のワンサイドゲームとなる。しかし、一定の条件下においては競争に勝利した場合のメリットもほとんどないどころかむしろ参入阻止行動によって価格が低下するなどデメリットだけをもたらす場合もある。また、競争を回避して失う市場も極めて限定的で参入阻止行動をとることによる価格の低下などのデメリットに比べて割が合わない場合もある。つまり、後発企業にとっては先発企業に「参入阻止に出る価値がない」と認識させ、先発企業の「自制（forbearance）」を得ることができるか否かが市場参入の成否を決定する重要な要素となる。本章では寡占市場である航空業界において後発企業が非対称競争下で生き残るための最適解をプライシング戦略の観点から探ることを目的とする。

　まず、2節ではプライシング戦略と自制に関する先行研究をまとめる。次に3節では航空業界のプライシング戦略を FSC と LCC の双方の観点から探り、非対称競争下で生き残るための LCC のプライシング戦略を探る。4節ではその結果をもとに投入生産量・搭乗率・価格設定の要素からなるモデルを導き出す。5節ではそのモデルを実際のケースを用いて検証し、6節で検証結果をまとめる。

5-2.　先行研究

　本節では後発企業のプライシング戦略に関する先行研究を整理し、LCCが FSC による寡占状態にある市場に参入する非対称競争下の後発企業のプライシング戦略についての論点をまとめる。また、競争戦略論の観点から自制に関する先行研究の論点をまとめる。

5-2-1.　後発企業のプライシング戦略に関する先行研究

　Nagel（1987）は後発企業のプライシング戦略を協調価格（cooperative price）、適応価格（adaptive price）、日和見価格（opportunistic price）、略奪価格（predatory price）の4つに分類している。協調価格はプライスリーダーの企業の価格に他の企業が合わせていくプライシング戦略である。この戦略をとった企業はプライスリーダーの設定した価格に合わせて自社製品の価格を決定し、業界の現状維持を図ろうとする。適応価格は協調価格と同様に業界のプ

ライスリーダーが設定した価格に追随するプライシング戦略であるが、市況の変動に連動して生産量の調整を行って市況変動によるメリットを享受しようとする戦略である。この戦略をとる企業は業界の価格設定に影響を与えることが不可能であっても、市況の変化に合わせて生産量を調整できるようなフレキシブルな生産体制と意思決定ができることが求められる。日和見価格は業界の競合他社が値上げを行っている環境下でも値上げを行わない、またはその時期を遅らせるなどし、逆に値下げの場合には競合他社よりも大幅値下げを行うなどしてシェアの拡大を狙う戦略である。この戦略は競合他社に比べて平均単価が低くなる傾向がある。そのため、この戦略をとる企業は競合他社よりも低いコスト構造を持った企業である場合が多い。略奪価格は競合他社が追随できないような低価格で他社のシェアを奪い取るプライシング戦略である。このプライシング戦略は場合によっては採算性を無視した低価格により競合他社の競争意欲を萎えさせることによって市場を奪い取る。この戦略は資本規模の大きい企業がその圧倒的な資金力を原資に実行するケースが多い。また、この戦略は後発企業の市場参入を阻害する目的で行われることもある。特に市場参入を阻害する目的で実施される場合には破滅的価格（Cut Throat Price）とされ、対象とされた競合他社が排除された後に元の価格に戻される場合が多い。業界内の企業がとる戦略によってその業界内の競争の程度は大きく変化する。協調価格戦略をとる後発企業が多い業界では競争の程度は低くなり、市場シェアは安定する。逆に略奪価格をとる後発企業が出てきた業界の競争は熾烈となる。競争の程度は協調価格、適応価格、日和見価格、略奪価格の順番で熾烈になる（上田 1995, p.203）。

　上田（1995）は Nagel の後発企業のプライシング戦略の4分類を発展させて、低価格戦略だけでなく、差別化戦略や他のマーケティングミックスを用いた差別化を行いトータルの価値で先発企業に対抗することが重要であると述べ、先発企業と後発企業の資本規模の組み合わせとプライシング戦略（低価格戦略か差別化戦略）によって戦略を示した。先発企業の資本規模が小規模で後発企業が大規模であったなら、低価格戦略をとる場合にはスケールメリットや圧倒的な資本力を原資にした低価格で先発企業を圧倒し、差別化戦略をとる場合には圧倒的な資本力を背景にした広告費やR＆D投資による

ブランド・高付加価値製品で先発企業を圧倒するべきだとしている。逆に先発企業が大規模で後発企業が小規模であれば、低価格戦略をとる場合には先発企業が追随できないぐらいの破壊的な低価格攻勢をかけ、差別化戦略をとる場合には大規模な先発企業が興味を持たないようなニッチマーケットを狙った差別化を行うべきだとしている。また、資本規模が同程度であれば低価格戦略をとる場合には先発企業の先行者優位性を加味したプライシングをするべきで、差別化戦略は後発企業が先発企業に比べて明らかに強いブランド力や技術力を持っている場合にのみとることができるとしている。航空業界では一般的に先発企業（FSC）が資本規模的に大きく、後発企業（LCC）が資本規模的に圧倒的に小さい。そのため、低価格戦略をとる場合には先発企業が追随できないぐらいの破壊的な低価格をとることが必要であることになる。しかし、航空業界のように固定費比率が高く、変動費比率が低く、商品在庫ができない産業では、事業規模の大きな先発企業（FSC）の限界費用は極めて低い。そのため、後発企業（LCC）がいくら低いコスト構造を持っているとしても先発企業（FSC）が追随できないほどの低価格戦略をとることは極めて困難である。そのため、先発企業（FSC）は後発企業（LCC）に対して価格攻勢による参入阻止行動に出ることは極めて容易である。つまり、固定費比率が高く変動費比率の低い業界（航空業界などの設備型産業）では後発企業は先発企業に参入阻止行動をとらせないような戦略をとることが必要となる。

　Shaw（2011）は航空業界のプライシング戦略に関して、現在の先発企業（FSC）のプライシング戦略は旅行目的別に差別化された価格を提示して「支払い意思内の最大額」を課金することを目指しているのに対して、後発企業（LCC）は限界利益が出る範囲で市場の最低額を提示し旅客に買うか買わないかの２択を迫っていると述べている。具体的には先発企業（FSC）は旅程変更や復路便の搭乗日に制限を設けるなどして出張需要とレジャー需要との旅客の旅行目的を切り分け、高い運賃の支払い意思のある出張需要には高い運賃を提示し、価格感応性の高いレジャー需要には比較的低額の運賃を提示している。一方で、後発企業（LCC）は需要を目的別に区別せず両方の需要に一律に同じ条件で同じ料金を提示し、価格感応性の高い需要を取り込もう

としている。このように先発企業（FSC）も後発企業（LCC）もともに他の
輸送モード（高速鉄道等、LCCについては高速バスも含む）も含めた競合企業
との競争環境や市況を反映した価格設定を行っているが、先発企業（FSC）
は旅客の需要目的別に差別運賃を適用していることが大きな違いである。こ
れは後発企業（LCC）はターゲットとする顧客層をレジャー需要に絞り込ん
だビジネスモデルであるため、旅行目的別の差別価格を提示する必要性がな
いためである。

5－2－2. 自制（forbearance）に関する先行研究

　前述のように先発企業（FSC）との競争の中で後発企業（LCC）が生き残
るには、先発企業（FSC）に「後発企業（LCC）は参入阻止行動をとるに値
しない」と認識させ、参入阻止行動を自制させることが重要である。本項で
は自制に関する先行研究をまとめる。

　Judd（1985）は先発企業が参入阻止を行わないのは後発企業との値下げ競
争で負けることを恐れてではなく自社が既に取り込めている既存の需要への
影響を恐れてであると述べている。先発企業は現行の自社のビジネスの単価
を下げてまで参入阻止行動をとることが割に合わないと認識した場合に参入
阻止行動を自制する。言い換えれば、後発企業は先発企業の参入阻止行動が
割に合わない状況を作ることにより参入阻止行動を回避できる。

　Baum & Korn（1999）は競争は企業間の自制によって緩和され、競合企業
に対する熟知（familiarity）が自制を働かせる重要な要素であると述べてい
る。競合他社の事情を熟知していることにより参入阻止行動などの敵対行動
を取った場合に競合他社がどのようにどの程度の報復措置を取ってくるの
か、またその報復措置によって自社にどのような影響が出るのかなどを事前
にある程度推測でき、敵対行動が自制されるためである。また、Milgrom &
Roberts（1982）も先発企業が後発企業に参入阻止行動をとるモチベーション
は参入後の市場の不確実性であると述べている。多くの市場で競争を重ねた
経験から競合他社に関する情報を蓄積できるため、競合企業に対しての熟知
は両者がより多くの市場で競合することによって深められる（Baum & Korn
1999, p.253）。Satishら（1999）は経営資源の類似性と市場の寡占度の高さが

競合企業に対する熟知を向上させることに役立つと述べている。経営資源の類似性が高いと競合企業の戦略や能力を推測することが容易になり、報復行動に対する信頼し得る脅威（credible threat）の信用度を上げることにつながり、敵対行動の自制を促す要因となる。また、市場の寡占度が上がれば、競合企業の数が減少するため競合他社に対する情報収集が容易になり、同様に信頼し得る脅威に対する信用度を上げることにつながる。

　Bernheim ら（1990）は敵対行動に対する自制を促す重要な要因の一つは抑止力であると述べている。抑止力とは敵対行動をとった競合企業に対して経済的損失を与えることができる報復能力（Satish et al. 1999, p.51）で、その有効性は報復により与える損害の程度と損害を与える機会の大きさによって決定される（Satish et al. 1999, p.52）。しかし、抑止力は必ずしも実際に報復行動によって競争相手に損害を与えることを必要としない。抑止力は敵対行動に対する報復が確実に行われ且つその報復によって受ける被害が敵対行動を自制するに足りるだけの大きさであることを競合企業が認識することによって担保されるからである（Shelling 1960, p.136）。

　航空業界では自制を働かせる条件が比較的整っていると言える。経営資源の類似性に関しては、主要な経営資源である航空機の供給は実質上 Boeing 社と Airbus 社の 2 社の寡占状態であり、航空機用エンジンに関してもゼネラルエレクトリック社、ロールスロイス社、プラットアンドホイットニー社とその関連企業の寡占状態であるため、先発企業（FSC）と後発企業（LCC）の間に経営資源の類似性は非常に高い。また、市場の寡占度に関してもほとんどの地域で大手数社の寡占状態となっており、経営資源の類似性と市場の寡占度の高さでは航空業界は競合企業間の自制が働きやすい環境にあると言える。一方で、先行研究の議論においては非対称競争下では自制による抑止力が働きにくい状況にあるとされている。なぜならば、非対称競争下では後発企業は先発企業の敵対行動に対して十分な損害を与えるほどの報復力を持ちあわせておらず、自制による抑止力を機能させる条件を持ちあわせていない。しかし、航空業界の特性上、配分されるスロット（発着枠）には上限があるため、後発企業が小型単一機材で事業を行っていることは先発企業に対して投入生産量が限定的であることのコミットメントとして機能する。つま

り、単一機材戦略をとる航空会社は運航機種を変更することは実質上不可能であるため、小型機単一機材戦略によって投入生産量が制限されることは先発企業に対する「信頼し得る"保証"」として機能するからである。このように非対称競争下では後発企業は必ずしも信頼し得る脅威に担保された抑止力によって先発企業の自制を引き出す必要はなく、自社の参入が先発企業にとって限定的な影響しかもたらさない「信頼し得る保証」を示すことにより、先発企業の自制を引き出すことができるのである。

5-3. 非対称競争下における後発企業（LCC）のプライシングモデル

　本節ではLCCのマーケティング戦略の中核をなす重要な要素であるプライシング戦略を、先発企業であるFSCと後発企業であるLCCの両者の観点から探り、非対称競争下の後発企業のプライシングモデルを導き出す前提を探る。

　規制緩和前には航空会社のプライシング戦略は政府のコントロール下にあり航空各社は運航コストに一定の利益を上乗せした額を全ての旅客に適用することが規制当局によって義務付けられてきた。そのため、そもそも価格競争自体が発生することはなかった。その後、規制緩和によってFSC同士がある程度自由に価格を決めることができるようになると価格競争が発生した。しかし、同じようなコスト構造とサービスレベルの2社あるいは3社の競争であったため、競争構造は比較的単純であったと言える。その後、LCCの参入によってコスト構造もサービスレベルも違う航空会社間での競争が発生するようになり、競争構造が複雑化した。

　本節では競争構造の変化に伴うFSCのプライシング戦略の変化とLCCのFSCに対するプライシング戦略を明らかにし、プライシングモデルの前提となるFSCとLCCの戦略プロファイルを明らかにする。

5-3-1. FSCのプライシング戦略

　規制緩和以前の航空業界では規制当局によって路線ごとに運航できる航空会社が割り当てられており、その路線を運航する航空会社は統括原価主義にもとづいた完全配賦費用方式による「同一区間・同一運賃」という実質上の

第 5 章　低価格航空会社（LCC）のプライシング戦略　　79

価格カルテルの恩恵を受けてきた（村上他 2006, p.77）。つまり、「（運航コスト＋固定費配分＋利益）÷搭乗率」をもとに算出した運賃で規制当局による認可の下で航空会社は価格競争のない市場環境を享受してきた。このような環境下では算出の前提となった運航コストや搭乗率を間違えない限り一定の利益が保証され、競争といえば高速鉄道などの他の移動手段とのサービス競争が主であった。また、たとえ同一路線に複数の航空会社が就航したとしても、余剰生産量が必要以上に発生しないように規制当局は投入生産量や運航スケジュールを調整していた。その後、規制緩和によって各航空会社はプライシング戦略を独自に考えていく必要が出てきた。

5-3-1-1.　FSC vs. FSC の競争（対称競争）

　規制緩和が行われると一つの路線に複数の航空会社が就航するようになり、価格や投入生産量を航空会社がある程度自由に決めることができるようになった。一つの路線に複数の航空会社が就航し、価格や投入生産量の規制が撤廃されて航空会社間の競争が発生する。市場を構成する全ての航空会社が差別化を行わず同じようなサービスを提供していた場合には、各社は価格競争によって貢献利益の限界まで値下げを行うことになる。同じようなサービスを提供する同じようなコスト体質の 2 社の航空会社（航空会社 A と航空会社 B）が同一路線に就航し、旅客が価格で航空会社を選択した場合の利得表は〈図表 5-1〉のようになる。

　航空会社 A と航空会社 B が協調することがお互いに高利益をもたらすことは明らかであるものの、相手が競争の戦略をとった場合には自社の旅客を

〈図表 5-1〉　旅客が価格で航空会社を選択した場合の利得表

航空会社 B の戦略	航空会社 A の戦略	
	協調（価格維持）	競争（値下げ）
協調（価格維持）	A：比較的高利益 B：比較的高利益	A：高利益 B：利益低下
競争（値下げ）	A：利益低下 B：高利益	A：比較的低利益 B：比較的低利益

取られてしまう。そのため、相手が協調の戦略をとることが確信できない限り自社も協調の戦略をとるモチベーションが存在しない。結果、支配戦略は航空会社 A・航空会社 B 共に競争（値下げ）となる。両社は値下げ競争を行い、「両社ともに比較的低利益」の均衡状態となってしまう。航空会社は毎便の搭乗率を見ながら適宜機材変更や減便を行うなどフレキシブルな対応によって投入生産量を調整することが実質上不可能である。また、整備設備の維持費、ハンドリング人員の人件費なども一度投入生産量を決めればその後の調整が困難で、コストの中で実質上の固定費となっている部分が占める割合が高い。そのため、特に航空業界では価格競争が過度に加熱した場合には致命的な損失をもたらす。このような悲劇を回避するために FSC 各社は FFP（Frequent Flyer Program）などによる顧客の囲い込みなどで顧客とのリレーションシップを強め相互に値下げ競争を仕掛ける可能性を軽減し、「両社ともに比較的低利益」の均衡状態を極力回避している。

5-3-1-2. FSC vs. LCC の競争（非対称競争）

　FSC が既に就航している路線に LCC が新たに参入してきた場合には FSC は値下げ競争を仕掛けるか否かの選択を迫られることになる。一般的に FSC と LCC は提供しているサービスが違うために消費者によっては別の商品と認識され FSC のサービスの代替性が高くない。また、LCC が低コスト構造に支えられた低価格な運賃を市場に出すことにより、FSC にとって価格的に取り込むモチベーションがなかったローエンド（低価格）の需要が新たに掘り起こされ、航空旅客輸送の総需要自体が拡大することも多い。LCC の市場参入によって、FSC が今までに取り込んでいた需要のうちで高付加価値なサービスを求めない需要が LCC に奪われることもある。しかし、価格層には非対称性があり、高付加価値商品の需要が低付加価値商品の低価格に惹きつけられる比率は極めて限定的である（Robert & Hermann 1996, p.87）。そのため、FSC は自社の高付加価値商品を求める需要に対して低価格を提示してまでも LCC の低価格に対抗することが必要であるのかを判断することとなる。つまり、FSC が LCC の新規参入を許容するか否かは新規参入を容認することによる遺失収入が新規参入に対抗するために行う値下げによる遺

第 5 章　低価格航空会社（LCC）のプライシング戦略　81

失収入を上回るか否かによって決定される。第 4 節では FSC が新規参入する LCC に対してとるプライシング戦略のモデル化を試みる。

5-3-2. LCC のプライシング戦略

　LCC のビジネスモデルの核心は低いオペレーションコストに支えられた低価格である。低価格によって価格弾力性の高い需要を取り込み、高いロードファクターを実現し、空席を最小化し、低価格であるにもかかわらず利益を生み出している。このため、LCC は短期的には需要喚起や広告効果のために採算を無視した極めて低い価格設定を行うこともあるが、長期的には限界費用以上で FSC の設定価格以下の低価格の価格設定を行うことが一般的である。

　前述の通り FSC と LCC は提供しているサービスが異なり、多くの消費者にとっては別の商品と認識されている。しかし、価格層の非対称性から低付加価値商品を求める顧客層が高付加価値商品の低価格化に惹きつけられる比率は非常に高くなるため（Robert & Hermann 1996, p.87）、LCC にとって FSC の低価格攻勢は大きな脅威である。そのため、LCC は FSC との価格競争を避けるべく FSC が価格競争に出るモチベーションを持たせないことが必要となる。既存企業が価格競争で参入阻止に至る主な原因は不確実性（uncertainty）である（Milgrom & Roberts 1982, p.282）。つまり、LCC の参入により自社の旅客がどれ程取られるのか、路線の市場価格がどの程度低下するのかが不明であることが FSC が価格競争を仕掛けるモチベーションとなる。そこで、LCC は FSC が価格競争に出るモチベーションを持たないような価格設定と投入生産量設定を行い価格競争を回避しなければならない。オペレーションコストに差がある場合には低コストの企業は高コストの企業が価格競争を仕掛けることを思いとどまらせるほどの低価格を提示することが必要である（淺羽 2004, p.139）。また、前述のように投入生産量についても FSC が LCC 参入による自社への影響の不確実性を懸念しないように考慮する必要がある。航空旅客輸送事業では投入生産量は使用機材の定員と発着枠の積である。空港の混雑状況から取得できる発着枠には自ずと上限があることから小型機を単一機材として採用することは FSC の不確実性への懸念を払拭

するコミットメントとなりうる。このようにLCCは低コストを武器にして圧倒的な低価格とFSCの既存のマーケットに大きな影響を及ぼさない程度の生産量をコミットすることによりFSCの低価格攻勢による参入阻止を回避できる。LCCのプライシング戦略とそれに対応するFSCの戦略によってFSCが受ける単価と搭乗率への影響は〈図表5-2〉のようになる。

　まず、LCCが小さな投入生産量で僅かな価格差で参入した場合（ケース①）では、FSCが参入を容認し協調行動をとって現行価格を維持した場合でも、僅かな価格差に引き付けられる旅客は限定的で、生産量的にも小さいため搭乗率に対する影響は小さい。一方で、たとえ参入阻止行動をとって価格攻勢をかけたとしても価格差が僅かであるため単価に対する影響も小さく、価格攻勢をあまり躊躇する必要性もない。このようなケースではFSCの対応は競争、協調の両方が考えられる。FSCが競争の戦略プロファイルをとるか、協調の戦略プロファイルをとるかはFSCにとってのその路線の重要度による。重要度が高い場合にはFSCは協調の戦略プロファイルをとって単価の下落を避け、重要度が低い場合には競争の戦略プロファイルをとって参入阻止行動に出るケースが多い。

　次に、LCCが小さな投入生産量で大きな価格差で参入した場合（ケース②）では、FSCが参入阻止行動をとった場合には単価に対する影響が大きい。そのため、FSCは相当の販売単価の低下を覚悟する必要がある。一方で、FSCが参入を容認し、参入阻止行動をとらなかった場合でも搭乗率に対す

〈図表5-2〉　LCCのプライシング戦略とFSCの対応による単価と搭乗率への影響

LCC の戦略		FSC の対応			
投入生産量	FSC との価格差	協調（参入容認）		競争（参入阻止）	
		単価	搭乗率	単価	搭乗率
小	僅差……ケース①	なし	小	小	なし
	大差……ケース②	なし	小	大	なし
大	僅差……ケース③	なし	大	小	なし
	大差……ケース④	なし	大	大	なし

る影響はさほど大きくない。そのため、FSC はわざわざ自らの価格を下げてまで価格攻勢をかけて参入阻止をする必要性がなく、参入を容認する可能性が高い。

また、LCC が大きな投入生産量で僅かな価格差で参入した場合（ケース③）では、FSC が参入を容認し協調行動を取ると FSC の現行顧客のうち価格感応性の高い旅客が LCC を利用するようになり FSC の搭乗率に影響を及ぼす。一方で参入阻止行動をとったとしても単価への影響は僅かであることから FSC にとっては価格攻勢をかけて LCC の参入阻止を図ることが合理的な選択となる。

LCC が大きな投入生産量で大きな価格差で参入した場合（ケース④）には、参入阻止行動をとる FSC は単価の低下を覚悟する必要がある。しかし、参入阻止行動をとらなかった場合には既存の旅客の中で価格感応性の高い旅客を LCC に奪われてしまい、搭乗率の低下を甘受しなければならなくなる。そのため、この場合の FSC の対応は競争、協調の両方が考えられる。このケースではケース①と同様に、FSC が競争の戦略プロファイルをとって参入阻止に出るか、協調の戦略プロファイルをとって搭乗率の低下を甘受するかは FSC にとってのその路線の重要度による場合が多い。

5－4. 参入阻止回避モデル

本節では FSC が既に就航している特定路線に LCC が新規参入する場合の投入生産量と価格から参入阻止回避モデルを設定し、その分析によって先発企業（FSC）と後発企業（LCC）がとる競争戦略を解析し、後発企業（LCC）にとって最適の状態である先発企業が協調の戦略プロファイルをとるための価格設定と投入生産量を探る。

5－4－1. モデルの概要

先発企業（FSC）と後発企業（LCC）の価格と投入生産量を変数として先発企業の参入阻止の有無をモデル化する。先発企業を航空会社①、後発企業を航空会社②とする。新規参入する路線にはもともと航空会社①が単独で就航しており、当該路線に長く就航している実績から航空会社②に比べて強い

ブランド力を持っていると仮定する。実際には、1路線に就航している既存航空会社（FSC）は1社とは限らず、その路線に新規参入する航空会社は1社とは限らない。しかし、本章ではモデルの単純化と前述の通りFSC間での価格競争はある程度の期間を経ると均衡状態になり大きな価格差が発生しないことから、当該路線に就航している既存航空社は1社、新規参入する航空会社は1社と仮定してモデルの設定を行う。また、航空便は出発時間によって商品の価値が変わることから当該路線に参入している各社は1社あたり1日1往復の発着枠をほぼ同じ時間帯に与えられているものとし、その発着枠に使用する機材（投入生産量）は各社の任意で選べるものとする。

　航空会社①はFSCであり、当該路線での運航実績も存在することからブランド力も高く、既に固定顧客をつかんでいるため、価格設定としては現行の運賃を維持する高価格戦略（戦略"H"）と新規参入社に対抗して同様の運賃を設定する低価格戦略（戦略"L"）をとることができる。それに対して航空会社②は低価格を売りにするLCCであるため、航空会社①よりも低価格の運賃を設定する低価格戦略（戦略"L"）の一択である。以上のことから、企業 i（i = 1, 2）の戦略は以下のように設定される。

● 戦略"H"：路線の総投入生産量の増加に関係なく価格を維持する。（i ≠ 2）
● 戦略"L"：他社の料金に対抗して低価格の運賃設定をする。（i = 1, 2）

　航空会社②の新規参入後の当該路線の全投入生産量（供給座席数）をNとし、その投入生産量の航空会社①の割合を a（$0 \leq a \leq 1$）とし、航空会社②の割合を（$1-a$）とする。また、当該路線の全投入生産量に対する搭乗率（ロードファクター）を θ（$0 \leq \theta \leq 1$）[1]とする。航空会社②が参入後、航空会社②の低価格により需要が喚起され、航空会社①、航空会社②ともに1社の投入生産量では当該路線のすべての需要を取り込むことができないものとする。つまり、「$aN < \theta N$ 且つ（$1-a$）$N < \theta N$」が成り立つものとする。

　旅客は基本的に安い方の航空会社を選択するが、同一価格の場合にはブラ

---

1) 通常、搭乗率（ロードファクター）は百分率（％）で示されるが、ここでは便宜的に100％を1とした分数で示す。

ンド力から航空会社①を選択するものとする。また、航空会社①が提供しているマイレージプログラム、ラウンジサービスや機内サービスなどの付加サービスについてはブランド力に含まれているものとする。

　航空会社①が当該路線に設定していた運賃を P_H とする。また、航空会社②が新規参入時に設定した運賃は P_L（$0 \langle P_L \leqq P_H$）とする。また、航空業界の特徴として大部分のコストは固定費化しており、旅客数に関連して変動するコストは極めて限定的である。そのことから、航空会社①および航空会社②共に旅客数に連動する変動コストは無視できるものとし、両社ともに運航コストは路線を維持する限り固定であると仮定する。

　また、航空会社①も航空会社②も双方の販売価格（P）を容易に知ることができるものとする。航空会社①は FSC であるため航空会社②の販売価格を見て協調（高価格）するか競争（低価格）するかを決めることとし、航空会社②は LCC であるため航空会社①よりも高価格の値付けは行わないこととする。

5-4-2. 両者の戦略プロファイルと収入

　本項では先発企業（航空会社①）が後発企業（航空会社②）の市場参入に対して、現行価格を維持するケースと対抗して価格競争を行う場合の両社の収入をモデル化し、両者を比較することによって先発企業の参入阻止行動を誘発しない後発企業の設定価格を探る。

5-4-2-1. 先発企業（航空会社①）が現行価格を維持する場合

　この場合の航空会社①の戦略プロファイルは現行価格維持、つまり高価格戦略なので H_1 となる。一方、航空会社②については低価格戦略の一択であるため、L_2 となる。

　両社に価格差がある場合には旅客は空席がある限り安い方の航空会社を選択するため、航空会社②は満席となり、旅客数と投入生産量（座席数）は一致する。つまり、航空会社②の旅客数は投入生産量（座席数）と同一で、路線の全投入生産量と投入生産量割合の積であることから、$(1-a)$ N となる。一方、航空会社①の旅客数は路線の全旅客数と航空会社②の差である。

路線の全旅客数は路線の全投入生産量と搭乗率の積（θ N）なので、航空会社①の旅客数はθ N $-$（$1-a$）N となる。

各社の収入をR_1、R_2とした場合、収入は旅客数と運賃の積であることから、航空会社②の参入時に航空会社①が価格を維持する場合の両者の収入は以下のように表すことができる。

$$R_1 \, (H_1, L_2) \; = \; \{\theta \, N - (1-a) \, N\} \; P_H \; = \; (\theta + a - 1) \, N \cdot P_H$$

$$R_2 \, (H_1, L_2) \; = \; (1-a) \, N \cdot P_L$$

5－4－2－2. 先発企業（航空会社①）が後発企業（航空会社②）へ対抗する場合

この場合の航空会社①の戦略プロファイルは値下げによる低価格戦略なのでL_1となる。一方、航空会社②については低価格戦略の一択であるため、L_2となる。

両社に価格差がない場合には旅客は航空会社①のブランド力に惹かれて空席がある限り航空会社①を選択するため、航空会社①は満席となる。そのため航空会社①の旅客数は航空会社①の投入生産量と一致する。航空会社①の投入生産量は路線の全投入生産量と投入生産量割合の積であることから、航空会社①の旅客数はa N となる。一方、航空会社②の旅客数は路線の全旅客数と航空会社①の旅客数の差であることから、θ N $- a$ N となる。

同一運賃であった場合には旅客は航空会社①を選択するために航空会社①は航空会社②の運賃よりも安い運賃を設定するモチベーションが存在しない。そのため、航空会社①が対抗価格で設定する運賃は航空会社②が設定した運賃と同額でP_Lとなる。

各社の収入をR_1、R_2とした場合、収入は旅客数と運賃の積であることから、航空会社②の参入時に航空会社①が対抗価格を設定した場合の両者の収入は以下のように表すことができる。

$$R_1 \, (L_1, L_2) \; = \; a \, N \cdot P_L$$

$$R_2 \, (L_1, L_2) \; = \; (\theta \, N - a \, N) \, P_L \; = \; (\theta - a) \, N \cdot P_L$$

5－4－2－3. モデルの検証

航空会社①にとっては参入阻止のための値下げによる収入損失が参入阻止

を行わなかった時の搭乗率の低下による収入損失を上回る場合には参入阻止行動をとることは合理的ではない。そのため、$R_1(H_1, L_2) \geq R_1(L_1, L_2)$ が成り立つ限り航空会社②の新規参入に対して参入阻止行動をとらない。つまり、以下の不等式が成り立っている限り航空会社②は航空会社①の参入阻止行動を避けることができる。

$$(\theta + a - 1) \, N \cdot P_H \geq a \, N \cdot P_L$$

$0 < P_L \leq P_H$ 且つ $0 < N$ であることから、上記の式は以下のように展開できる。

$$P_L \leq \frac{a - \theta - 1}{a} \cdot P_H$$

$$P_L \leq \frac{a - (1 - \theta)}{a} \cdot P_H$$

$$P_L \leq \left(1 - \frac{1 - \theta}{a}\right) \cdot P_H$$

θ は当該路線の全投入生産量に対する搭乗率であることから、$(1 - \theta)$ は路線全投入生産量に対する空席率となる。上記の式に当てはめると

$$後発企業の価格 \leq \left(1 - \frac{路線全投入生産量に対する空席率}{先発企業の投入生産量割合}\right) \times 先発企業の価格$$

が成り立ち、後発企業（航空会社②）が上記の不等式の成立する条件で価格設定を行った場合には先発企業（航空会社①）からの参入阻止行動を受けないこととなる。

5－5. 実ケースへのモデルの適用

　本節では4節で導き出された参入阻止回避モデルに実際に発生した新規参入のケースを適用し参入阻止回避モデルの有効性を検証する。この検証では参入阻止回避の失敗例として ADO の東京・札幌線参入のケースと SNA による東京・宮崎線参入のケースを使用し、成功例として APJ の大阪・札幌線のケースを使用する。

　本章で参入阻止回避の失敗例として ADO と SNA、成功例として APJ を用いたのは以下の理由からである。まず、参入時に ADO は中型機（Boeing767

－300ER 型機）で1日3便、SNA は小型機（Boeing737 型機）で1日6便、
APJ は小型機（AirbusA320 型機）を採用して1日3便であったため、投入生
産量の対比が容易なためである。また、3社が参入した本土と札幌を結ぶ路
線は新幹線や高速バスなどの他の輸送モードが存在せず、FSC と LCC の競
争以外の要因を排除できるためである。

　本章の参入阻止回避モデルは単純化のために当該路線に就航している既存
航空社は1社、新規参入する航空会社は1社で各社は同じ時間帯に1日1往
復の発着枠をほぼ同じ時間帯に与えられるものという仮定で作成されてい
る。そのため、実際のケースに適用するためには新規参入する LCC の全投
入生産量を1便とし、既存の航空会社の全投入生産量を既存航空会社1便と
してみなして適用することになる。

5－5－1. 北海道国際航空（ADO）のケース

　ADO は 1998 年 12 月 20 日、東京・札幌路線に中型機（Boeing767－300ER
型機）で参入した。同社の運賃は既存3社の¥ 25,000 に対して¥ 16,000 と
いう低価格での参入となった。参入時のスケジュールは毎日3往復で羽田空

〈図表 5－3〉　1998 年 12 月航空各社羽田発新千歳行き運賃・投入生産量一覧

航空会社	主な使用機材 （座席数）	運賃	便数	日間生産量（片道）	生産量割合
ADO	B767－300ER （286 席）	¥ 16,000	3 便	858 席	4.8 %
JAL	B747－100SR （596 席）等	¥ 25,000	11 便	6,825 席	37.8 %
JAS	B777－200 （380 席）等	¥ 25,000	9 便	3,400 席	18.8 %
ANA	B747－100SR （596 席）等	¥ 25,000	13 便	6,971 席	38.6 %
合計	n/a	n/a	46 便	18,054 席	100.0 %

出典：「JTB 時刻表　1998 年 12 月版」及び「特定本邦航空輸送事業に関わる情報平成 10 年度版」
より著者作成

港（東京国際空港）を 07:30、12:25、17:20 に出発するスケジュールであった。就航当時の羽田空港発新千歳空港行きの便は〈図表 5 − 3〉の通りである。

1998 年の東京・札幌線の平均搭乗率が 64.7 %[2] であったことから、空席率は 35.3 % となる。それを本章の参入阻止回避モデルに代入すると以下のようになる。

$$(1 - \frac{路線全投入生産量に対する空席率（35.3 \%）}{先発企業の投入生産量割合（95.2 \%）}) \times 先発企業の価格（¥ 25,000）$$
$$= ¥ 15,730$$

ADO の参入時の設定運賃の最低価格は ¥ 16,000 であったことから、本章の参入阻止回避モデルの分析通り LCC の参入阻止回避は失敗することとなり、新規参入社の ADO は先発企業の参入阻止を受けることになる。事実、先発企業は ADO 就航後に ¥ 17,000 という対抗運賃をリリースし、参入阻止行動をとった。類似事例として 1998 年 10 月に SKY が中型機（Boeing767 −300ER 型機）で東京・福岡線に参入したケースがある。そのケースにおいても就航当初 80 % を上回っていた搭乗率が既存航空会社の低価格攻勢により 50 % 程度まで落ちこんでいる（山川 2000, p.61）。

5 − 5 − 2. スカイネットアジア航空（SNA）のケース

SNA は 2002 年 8 月、東京・宮崎線に小型機（Boeing737 型機）で参入した。東京の使用空港は羽田空港であり、プラチナチケットである羽田空港昼間帯発着枠を確保しての参入であった。SNA の参入時の料金は既存 3 社の ¥ 31,000 に対して、¥ 21,000 であった。1 日 6 便の高頻度運航で、通常は 2 クラス 145 席仕様（モノクラス換算で 170 席仕様に相当）の機材をモノクラス 150 席仕様にして、機内の快適性を向上させていた。就航当時の羽田空港発新千歳空港行きの便は〈図表 5 − 4〉の通りである。

2002 年の東京・宮崎線の平均搭乗率が 55.3 %（国土交通省航空局『特定本

2）国土交通省航空局『特定本邦航空輸送事業に関わる情報平成 10 年度版』より著者算出。

〈図表 5 - 4〉　2002 年 8 月航空各社羽田発宮崎行き運賃・投入生産量一覧

航空会社	主な使用機材 （座席数）	運賃	便数	日間生産量（片道）	生産量割合
SNA	B737 - 400 （150 席）	￥ 21,000	6 便	900 席	27.9 %
JAL	B737 - 400 （145 席）	￥ 31,000	1 便	145 席	4.5 %
JAS	A300 - 600 （290 席）	￥ 31,000	3 便	870 席	27.0 %
ANA	B767 - 300 （261 席）	￥ 31,000	5 便	1,305 席	40.6 %
合計	n/a	n/a	15 便	3,220 席	100.0 %

出典：「JTB 時刻表　2002 年 7 月版」及び「特定本邦航空輸送事業に関わる情報平成 14 年度版」より著者作成

邦航空輸送事業に関わる情報平成 14 年度版』より著者算出）であったことから、空席率は 44.7 ％となる。それを本章の参入阻止回避モデルに代入すると、

$$(1 - \frac{路線全投入生産量に対する空席率(44.7 \%)}{先発企業の投入生産量割合（72.1 \%）}) \times 先発企業の価格（￥ 31,000)$$
$$= ￥ 11,781$$

となる。

　SNA の参入時の設定運賃の最低価格は￥ 21,000 であったことから、本章の参入阻止回避モデルの分析通り SNA の参入阻止回避は失敗することとなり、新規参入の SNA は先発企業の参入阻止を受けることになる。事実、先発企業は SNA 就航後に￥ 22,000 という対抗運賃をリリースし、参入阻止行動をとった。

5 - 5 - 3．Peach Aviation（APJ）のケース

　APJ は 2012 年 3 月 1 日、大阪・札幌線に小型機（AirbusA320 型機）で参入した。使用空港は札幌側では新千歳空港であったものの、大阪側は国内線のプライマリー空港である伊丹空港（大阪国際空港）ではなく、伊丹空港よ

りも利便性に劣る関西国際空港に就航している。APJ はダイナミックプライシングを採用しているため正規運賃は存在しないが、搭乗直前に購入した場合に適用される料金は￥19,780 で、これは既存 2 社の￥41,300 に比較して半額以下の運賃であった。また、実質的な適用運賃である割引運賃は￥4,780 から￥14,780 であった（国土交通省航空局, 2011）。この運賃は既存 2 社の比較的近い条件の割引運賃が￥18,500 から￥21,000 であることからすれば概ね 4 分の 1 から 3 分の 2 程度の運賃である。また、参入時のスケジュールは関西国際空港を 07:00、12:20、14:25 に出発する 3 便であった。就航当時の関西国際空港発新千歳空港行きの便は〈図表 5 − 5〉の通りである。

　2012 年の関西・新千歳線の平均搭乗率が 64.1 %（国土交通省航空局『特定本邦航空輸送事業に関わる情報平成 24 年度版』より著者算出）であったことから、空席率は 35.9 % となる。それと既存航空会社の割引運賃の最低価格を代入すると、

$$(1 - \frac{路線全投入生産量に対する空席率(35.9\%)}{先発企業の投入生産量割合（82.5\%）}) \times 先発企業の価格（￥18,500）$$
$$= ￥10,450$$

となる。

〈図表 5 − 5〉　2012 年 3 月航空各社関西国際空港発新千歳空港行き運賃・投入生産量一覧

航空会社	主な使用機材 （座席数）	運賃	便数	日間生産量 （片道）	生産量割合
APJ	A320 （180 席）	￥4,780〜￥14,780	3 便	540 席	17.5 %
JAL	B767 − 300 （261 席）等	￥18,500〜￥21,000	4 便	948 席	30.8 %
ANA	B767 − 300 （261 席）等	￥18,500〜￥21,000	7 便	1,592 席	51.7 %
合計	n/a	n/a	14 便	3,080 席	100.0 %

出典：「JTB 時刻表　2012 年 3 月版」及び「特定本邦航空輸送事業に関わる情報平成 24 年度版」より著者作成

〈図表 5 − 6〉　関西三空港における新千歳線投入生産量割合推移

	2011 年	2012	2013	2014	2015	2016	2017	2018
伊丹空港	25.0 %	17.8	20.3	30.4	37.5	40.6	39.9	41.4
航空会社	JAL/ANA							
長距離制限	各社 4 便以内		段階的緩和			完全撤廃		
関西国際空港	52.9 %	62.2	61.8	52.0	46.7	40.2	41.2	38.9
航空会社	JAL/ANA	JAL/ANA/APJ	JAL/ANA/APJ/JJP					
神戸空港	22.1 %	20.0	17.9	17.6	15.8	19.2	18.9	19.7
航空会社	ANA/SNA/SKY							

出典：国土交通省航空局『特定本邦航空輸送事業に係る情報平成 30 年度版』より著者作成

　APJ の参入時の設定運賃の最低価格は ¥ 4,780 であった。本章の参入阻止
回避モデルの分析通り、先発企業にとって新規参入する LCC の参入を阻止
するために価格攻勢をかけることは割に合わない選択となる。結果、後発企
業の参入を容認し現行価格を維持することになった。つまり、APJ の参入阻
止回避は成功し、先発企業は差別化によって高価格の市場に重点を移すか、
後発企業が低価格を維持できなくなるまで静観するかの二択となる。事実、
先発企業は APJ 就航後にも特に対抗運賃を設定せずに静観し、関西国際空
港に比べて利便性が高い大阪地区のプライマリー空港である伊丹空港の長距
離制限緩和とともに投入生産量を伊丹空港にシフトさせて、サービスの差別
化によってより高価格の顧客を取り込む戦略をとった。APJ 参入以降の関西
三空港における新千歳空港線の各航空会社の投入生産量推移は〈図表 5 − 6〉
のとおりである。

5 − 6．参入阻止回避モデルの問題点
　本章では 1998 年に ADO が羽田・新千歳線に参入したケース、2002 年に
SNA が羽田・宮崎路線に参入したケース、2012 年に APJ が関西・新千歳線
に参入したケースを用い参入阻止回避モデルの有効性を検証した。しかし、
本モデルには以下のような問題点があり今後の課題となっている。
　まず、本モデルは単純に運賃とインベントリ（売出可能座席数）だけを顧

客の航空会社選択理由として設定していることである。実際には顧客の航空
会社選択は運賃とインベントリだけではなく、ブランドへのこだわりやサー
ビス品質などの単純に数値化できない要素が存在し、顧客一人一人によって
運賃に対する価格感応性がさまざまである。そのため、顧客は航空会社選択
時に常に安い方の航空会社を選択するとは限らず、高くてもブランド力や
サービス品質の高い航空会社を選択する場合もある。本モデルでは顧客の航
空会社選択を「常に安い方を選択するが、同じ価格であればブランド力の高
い方（FSC）を選択する」と単純化しており、先発企業（FSC）のブランド力
やサービス品質などを過小評価する結果となっている。また、FSC が採用
している FFP が旅客の囲い込み手段として機能しており、旅客の航空会社
選択に影響を及ぼしていることを考慮していない。

　また、本モデルでは先発企業は参入阻止行動のコストが後発企業に奪われ
る収入を下回る場合には参入阻止行動をとり、逆に上回る場合には参入阻止
行動をとらないという前提となっている。しかし、実際には一方的に先発企
業が参入阻止行動の選択権を持つ非対称競争下においても単純に一路線の収
益性だけを根拠に先発企業が参入阻止行動の是非を決定することはない。後
発企業が一路線の就航を足掛かりに将来的に先発企業にとって重要な市場に
参入してくるような可能性が高ければ、先発企業は割に合わなくとも参入阻
止行動をとる場合もある。これは参入阻止行動を敢えてとることで、将来的
に重要な市場への参入を後発企業に躊躇させるためである。特に先発企業に
とってその市場（路線）があまり重要でない場合には、参入阻止行動による
デメリットが全社の収益に及ぼす影響は極めて限定的である。そのため、特
定の一路線では参入阻止行動を取らないことが合理的である場合でも、参入
阻止行動に出る場合もあり得る。

5−7．まとめ

　本章ではプライシング戦略の観点から寡占市場に参入する後発企業の競争
戦略を、新規参入する LCC とそれに対応する FSC のケースをもとに論じ
た。先発企業と後発企業がほぼ同じだけの競争優位性を持つか、あるいは一
方が多少競争劣位であったとしても、敵対行動をとった競争相手に対して抑

止力を行使できる対称競争下においては競争を回避することが可能である。これは熟知による相互自制と敵対行動に対する報復能力に担保された抑止力が働くためである。そのため、後発企業の市場参入の成否は後発企業が先発企業の参入阻止行動に対して有効な抑止力を行使できるか否かによって決定される。一方で、本章で述べたような FSC と LCC のケースのような非対称競争下においては、後発企業は先発企業に対して特に競争優位を持っていないため抑止力を行使することができない。

　しかし、非対称競争下においては後発企業は先発企業の参入阻止行動によって必ず市場から淘汰される運命にあるかと言えば必ずしもそうとは言えない。非対称競争下においても、後発企業も自身の持つ抑止力ではなく先発企業にとって参入阻止行動が割に合わない状況を作り出すことによって先発企業の自制を引き出し、参入阻止行動を回避することが可能である。

　本章で扱った FSC と LCC のケースに関して言えば、後発企業である LCC が投入する生産量が比較的小さく販売価格も十分に低い場合である。また、LCC が小型機材を使っていることは FSC に対して投入生産量の上限に関するコミットメントとして機能し、参入阻止行動に対する自制を促している。

　LCC の投入生産量が比較的小さく、価格も十分に低価格な条件下では FSC は僅かなシェアを取り戻すために大きな値引きを行い路線収入を落とすよりも、少しばかりのシェア低下を受け入れて差別化によって収益率の向上を目論むことが合理的である。当然のことながら、後発企業である LCC は低い販売価格を維持するために FSC に比べて低コストな企業体質を実現する必要があり、そのことが本章で述べる参入阻止回避を実行する上で不可欠であることは言うまでもない。

　本章ではプライシング戦略の観点から LCC が FSC の参入阻止行動を回避し、非対称競争下でいかに生き残っていくかを論じた。しかし、参入阻止回避はプライシング戦略のみならず、プロダクト戦略などの他のマーケティング戦略との有機的な連携が不可欠である。例えば、APJ が大阪地区のプライマリー空港の伊丹空港ではなく、国内線では利便性の落ちる関西国際空港から発着し、FSC とのプロダクト戦略上の衝突を避けていることもプライシング戦略と同様に FSC の参入阻止行動を回避するための重要な要素である。

また、日本では 2010 年代に市場参入した LCC は FSC との資本関係を持っている。そのことが資本参加している FSC が参入阻止行動を取らないというコミットメントとなり、他の FSC の参入阻止行動を自制させている面も否定できない。

第6章

先発企業の戦略と
後発企業への対応

98

第 6 章：先発企業の戦略と後発企業への対応

　本章では非対称競争下における先発企業の参入阻止行動の過程についてモデル化を試みる。原則的には非対称競争市場において先発企業が後発企業に対して参入阻止行動を発動するのは、価格攻勢による単価下落の影響が顧客数減少による影響を下回る場合である。また、参入阻止行動をとる先発企業は、できるだけ自社のビジネスに影響を及ぼさない範囲で後発企業を市場から排除しようとする。しかし、先発企業は後発企業を市場から排除するために更に踏み込んだ積極的な価格攻勢をかける場合もあり、その中には破滅的価格（Cut Throat Price）による参入阻止も含まれる。後発企業は先発企業の参入阻止行動を回避するためにサービスを削るなどして先発企業が対抗できないレベルにコストを落とすだけではなく、先発企業に座席の一部を販売するなどして後発企業の存在が先発企業にとっても有益であるように仕向けるなどの共存戦略を考えていく必要がある。本章では非対称競争下において先発企業が参入阻止行動に踏み切り、後発企業を市場から排除するに至る過程を投入生産量、空席率、価格、ユニットコストの要素からモデル化し、先発企業が参入阻止を行わない市場環境や後発企業の戦略を探る。

6－1. はじめに

　先発企業による寡占化が進行し、先発企業が一方的に市場支配力を持った非対称競争市場においては、先発企業がその資金力やスケールメリットを活かして後発企業を市場から排除することは非常に容易である。そのようなケースは CPU 市場におけるインテル、1980 年代後半の所謂「ドライ戦争」以前のビール市場におけるキリンラガー、日本の航空旅客輸送事業などがある。一方で、そのような非対称競争にあるにもかかわらず、一部の後発企業は僅かな市場占有率ながらも先発企業によって市場から排除されずに持続的に生き残っている。あるいは、特定の商品などにおいて先発企業以上のシェアを占めるケースも稀に存在する。この背景には独占を回避するための当局による規制によるものも多いが、先発企業にとって後発企業を市場から排除することが必ずしも戦略的に合理的な選択とならないケースも存在する。つ

まり、非対称競争下においても先発企業は全ての市場を独占することが戦略的合理性に適うとは限らない。このことは、後発企業にとっては戦略的に先発企業との不毛な競争を回避し、共存共栄を図ることで持続可能なビジネスチャンスを得ることができるということでもある。本章では典型的な寡占市場である日本の国内線旅客輸送事業を例に非対称競争下における先発企業の参入阻止戦略を検証する。

本章ではまず第2節で関連する先行研究をまとめ、第3節ではその結果をもとに国内線航空旅客輸送事業への適用を想定した非対称競争下における先発企業の戦略モデルを導き出す。第4節ではそのモデルを実際のケースに適用し、検証する。第5節ではその検証結果をまとめ、参入阻止行動が発生しない市場要件や後発企業のとるべき戦略を提示する。

6-2. 先行研究

先発企業の寡占状態であった市場に後発企業が参入してくると先発企業はその後発企業に対してどのような対応を行うのかの決断を求められる。本節では先発企業による後発企業参入に対する対応と先行者利益・先行者不利益に関する先行研究を検証する。

6-2-1. 後発企業の市場参入機会と先発企業の対応

既存市場の需要増加や生産上のボトルネック解消などで市場に参入余地が発生すれば、一般的に先発企業はその生産量を増やして市場シェアを維持しようとする。しかし、生産量の増加には生産財が必須であり、その生産財の確保が市場シェアを維持するハードルとなる。先発企業が生産財を確保できた場合には生産量を増やして市場シェアを維持する。もし、その市場に参入を企てる後発企業が存在し生産財の確保も可能である場合には、先発企業は後発企業の参入によって市場シェアを奪われる可能性が出てくる。そうなると、先発企業は価格競争に巻き込まれ、現行価格の維持が難しくなる。先発企業は差別化によって価格競争を回避する選択肢もあるが、差別化できないような商品を扱っている場合には価格競争を避けることはできない。その状況では先発企業は参入阻止価格によって後発企業に対して新規参入しても利

益が出ないというメッセージを送る。後発企業はそのメッセージが信用に値する（信頼しうる脅威）と考えた場合には参入を断念し（Baumol et al. 1981, p.418）、先発企業は生産量を上げることで市場シェアを維持する。これは先発企業が後発企業の新規参入に対抗する典型的なメカニズムであるが、実際にはこのメカニズムが常に働くとは限らない。先発企業の増産にもかかわらず参入してくる企業もあれば、生産財が後発企業にだけもたらされる場合もある。本章では寡占市場における後発企業の参入と先発企業の対応に関する先行研究を本邦国内線航空旅客輸送業界の状況をもとに検証する。

6-2-1-1. 後発企業の参入機会と価格による参入阻止

Labini（1969）は先発企業による寡占状態の市場においては先発企業が後発企業に対して参入阻止価格による価格攻勢をかけるか、現行価格を維持して参入を許容するかは潜在的な市場規模によると述べている。潜在的に市場規模が大きければ後発企業を市場から排除した後もそれに続く潜在的な新規参入企業が存在するため、先発企業は参入阻止価格を維持しなければ今後も潜在的な新規参入の脅威に晒されることになる（Labini 1969, p.50）。一方で、潜在的な市場規模が小さい場合には先発企業にとってはわざわざ現行価格を下げてまで後発企業を市場から排除するモチベーションは低い。

Labini（1969）の主張では潜在的新規参入を阻止するために先発企業は環境の変化がない限り一度参入阻止価格まで下げた販売価格を上げることはできないとしている。しかし、この主張の前提は商品の生産を行うための生産財へのアクセスが潜在的な後発企業に十分に確保されていることが前提である。航空業界のように限りある生産財（特に発着枠など）を利用する業界では後発企業排除後も余剰となった生産財を利用して新たな参入が発生する可能性もあるが、余剰となった生産財を先発企業が独占できるのであれば先発企業は今後の新規参入を防ぐこともできる。しかし、余剰となった生産財が常に先発企業に配分されるとは限らない。そのため、自社の脅威とならないような後発企業が参入してきた場合には先発企業は後発企業を市場から排除せずに敢えて生存を許容するという戦略をとる場合もある。Labini（1969）は潜在的市場の規模が小さい場合には先発企業はあえて参入阻止を行わず後

発企業の市場参入を静観するとしているが、航空産業のような固定費比率の高い産業では潜在的市場の規模が小さい場合にも先発企業は自社の既存顧客を奪われることを懸念して参入阻止行動に出る場合も多い。固定費比率の高い業界、特にサービス業などの商品の在庫ができない業界では顧客数の減少は顧客一人あたりの固定費の負荷を増やしユニットコストの増加に直結する。航空業界の例では先発企業が既存顧客を失うことで空席率の上昇によって収入が減少するだけでなく、ユニットコストも上昇する。グランドハンドリング費用や燃油費などは路線を維持している以上は実質上固定化しているためである。このような業界では先発企業にとっては潜在的な市場規模よりもむしろ後発企業の投入生産量が参入阻止行動のモチベーションとなる。

　Telster（1966）は先発企業は後発企業を市場から排除するために短期的には「破滅的価格（Cut Throat Price）」を用いることもあると述べている。破滅的価格とは競合を市場から排除するための限界費用以下の低価格のことで、市場シェアを維持することで将来的にその損失を取り戻すことを意図したものである（Telster 1966, p.262）。先発企業が破滅的価格で後発企業を排除するか否かは先発企業が一時的に許容できる赤字幅と期間によって決まる。前者は業界の変動費比率に相関し、後者は先発企業が価格競争に投入できる資産（内部留保と追加調達できる資産）に相関する（Telster 1966, p.260）。変動費比率の高い業界では限界利益が大きくなるため、先発企業が許容できる赤字幅は小さい。逆に変動費比率の低い業界では限界利益が小さくなるため、先発企業が許容できる赤字幅は大きい。また、価格競争に投入できる資産が大きければ先発企業は破滅的価格を長期間許容でき、資産が小さければ先発企業が破滅的価格を許容できる期間は限定的である。そのため、破滅的価格による競争は、先発企業の最小変動コストが後発企業の最小変動コストよりも小さい場合（つまり、先発企業が高いコスト競争力を持つ場合）には先発企業にとって最良の選択である（Telster 1966, p.264）。一方で、コスト競争力の差がそこまで大きくない場合や先発企業のコスト競争力が後発企業に劣る場合には、破滅的価格による競争は先発企業に大きな負担となる。また、先発企業には後発企業を市場から排除する以外の選択肢もある。例えば、先発企業に十分な資本力がある場合には、破滅的価格による競争を継続せずに後発企業を買

収することも一つの手段である（Telster 1966, p.264）。

　Telster（1966）の主張では先発企業の価格競争に投入できる資産が破滅的価格による参入阻止行動の成否を決定するとしているが、後発企業の資産も参入阻止の成否を決定する要素となる。先発企業による破滅的価格による価格攻勢に対しては後発企業も値下げによって対抗する必要があるためである。特に固定費比率の高い業界では利益の有無にかかわらず一定の売上を確保し続ける必要があり、後発企業は先発企業の破滅的価格に対抗した値下げを強いられる。そのため、後発企業の資産が小さい場合には破滅的価格に対抗するための赤字に耐えられなくなる。このように後発企業の資産が小さく長期の破滅的価格に対抗する原資が小さい場合には、先発企業は比較的低コストで破滅的価格による参入阻止を行うことが可能である。また、先発企業の商品が後発企業の商品よりもブランド力などで優れている場合には、値下げによって後発企業の価格に上限を設けることも可能である。

　このように先発企業は後発企業の市場参入に対して、まずは自社の変動コストがカバーできる範囲内で参入阻止価格を設定して後発企業の参入を阻止しようとする。それでも後発企業を市場から排除できなかった場合には、先発企業は業界の固定費比率、自社が価格競争に投入できる資産の規模や後発企業が価格競争に投入できる資産の規模を考慮して破滅的価格による参入阻止行動を行うかを決定する。固定費比率の高い業界、先発企業が価格競争の原資となる資産を多く持つ場合や後発企業が先発企業の価格攻勢に耐えるための原資となる資産が小さい場合には、破滅的価格による参入阻止は奏功しやすい。

6-2-1-2.　参入障壁とサンクコスト

　価格競争に発展する前に、先発企業が後発企業の市場参入意思を挫くことも選択肢の一つである。これは参入阻止価格によって後発企業をいつでも市場から排除する用意があることを後発企業に認識させることによって行われる。市場参入時には、たとえ市場から撤退しても戻ってこない投資が発生する。この投資は撤退時にはサンクコストとなり、スムーズな撤退を阻害し企業に損失をもたらす。先発企業は敢えてサンクコストとなるような大きな投

資を行い自社がその市場を容易には譲れないことを示して、参入阻止価格による攻勢を潜在的後発企業に認識させることも可能である。後発企業は先発企業からの参入阻止の脅威を認識し、自社の参入時の投資が無駄になることを恐れて市場参入を躊躇するようになるためである。

Baumol et al.（1981）はサンクコストが新規参入の障壁になると述べている。サンクコストとは一時的に生産を完全に停止しても解消されないコストのことで（Baumol et al. 1981, p.405）、撤退時に売却などによっても回収不能なコストである。後発企業にとってサンクコストの増加は先発企業よりも高リスクとなり負担が大きい。先発企業は既にサンクコストを見切り済みであるのに対して、後発企業にとってはサンクコストも新たな追加コストとなるからである（Baumol et al. 1981, p.418）。また、先発企業のサンクコストは後発企業にとっては参入障壁となる。後発企業が市場に参入してきた場合、先発企業は参入を許容するか参入を阻止するかの選択を迫られることになる。市場が拡大していない場合には参入を許容すれば先発企業は生産量の縮小を余儀なくされ固定費が増大する。生産に必要な資産が売却可能な（サンクコストとならない）場合には、先発企業は資産を売却することで固定費を抑えるという選択肢もある。しかし、売却不可能な（サンクコストとなる）場合には参入阻止を行って後発企業を市場から排除せざるを得なくなる。このように先発企業のサンクコストは後発企業に対して参入阻止行動の脅威を増大させ（Baumol et al. 1981, p.418）、「信頼しうる脅威（credible threat）」として後発企業の参入障壁となる。

Baumol et al. の議論では、先発企業は敢えて大きなサンクコストを抱えることで潜在的な後発企業に対して参入阻止の意思を示して潜在的新規参入企業の市場参入意思を挫くことができるとしている。しかし、何らかの理由で先発企業が生産拡大に必要な生産財を確保できない場合、生産財を確保できた後発企業は先発企業がこれ以上の生産量拡大はできないと認識して市場に参入してくることもある。

Judd（1985）は既に市場参入を果たしている後発企業に対しては先発企業のサンクコストは「信頼しうる脅威」として機能しないと述べている。すでに市場参入済みの後発企業にとっては市場にとどまることで、たとえ利益が

出なかったとしても撤退にはコストがかかる可能性もある（Judd 1985,
p.154)。また、サンクコストは一旦生産を完全に中止しても解消されないコ
スト（Baumol et al. 1981, p.405）であるため、企業は投資を行った時点で既に
見切り済みである。そのため、先発企業にとってはそのサンクコストの大き
さを理由に後発企業に対して参入阻止価格で対抗することが合理的であると
は言えない。つまり、先発企業にとってはサンクコストよりもむしろ撤退コ
ストが後発企業を市場から排除するか否かを決める合理的な要因になる
（Judd 1985, p.154)。また、先発企業は後発企業よりも多品種の商品を生産し
ていることが一般的である。後発企業にとって生産している商品の変更が困
難であるのに対して、先発企業の商品の変更は比較的容易である。そのた
め、先発企業は後発企業の進出によって価格競争となる場合には自社が生産
する商品の中で利益率の高い商品に生産能力をシフトして、後発企業にその
市場の全部または一部を明け渡すことが合理的な場合もある（Judd 1985,
p.154)。つまり、先発企業にとっては撤退コストが高利益率の商品に生産を
シフトすることによる収入増加よりも小さい場合には、後発企業との価格競
争を行わずに高利益率の商品に生産をシフトすることが合理的選択となる。
このように既に市場参入を果たしている後発企業にとっては先発企業のサン
クコストよりも先発企業の撤退コストの大きさの方が参入阻止の「信頼しう
る脅威」となり得る。

　Judd（1985）の議論は既に市場進出を果たしてしまった後発企業に対する
「信頼しうる脅威」が先発企業のサンクコストよりもむしろ先発企業の撤退
コストであるとするものであるが、固定費比率の高い業界ではこの議論は成
立し難い場合もある。航空業界のように商品の在庫ができず固定費比率の高
い業界では限界利益まで価格を下げたとしても、追加の設備投資が必要とな
らない範囲で販売量が増えれば固定費が希釈化されて利益が発生する。その
ため、撤退コストに関係なく価格競争を行って市場シェアを拡大することが
先発後発を問わず合理的となる。

6-2-1-3. 差別化による価格競争の回避

　Porter（1997）は製品の差別化による非価格競争を行うことで価格競争は

第 6 章　先発企業の戦略と後発企業への対応　105

回避可能であると述べている。非価格競争とはブランド価値、商品の独自性、販売力、アフターサービスや不具合発生時の手厚い保証などを差別化することで価格以外の面で競合と競争することである（Vashisht 2005, p.176）。つまり、差別化とは市場の商品の特性に多様性を作り、市場に不完全競争状態を作り出すことで価格競争を回避する手段である（Smith 1956, p.5）。言い換えれば、顧客に対して商品選択に価格以外のクライテリアを提示することで商品選択を複雑化して完全競争の前提を崩すこととも言える。価格競争では競争参加者は利益率を削る消耗戦を強いられるが、非価格競争では競合の低価格攻勢に価格で対抗する必要がなく消耗戦になり難い（Vashisht 2005, p.176）。

　商品の差別化は価格競争を回避するには有効な手段であるが、差別化の程度を高めるに従って対象とする顧客層が減少することにもなる。また、差別化は商品のコストを上昇させ、差別化を行った企業は販売価格を上昇させるか利益率を落として販売価格を維持するかの選択を迫られる。前者の場合には低価格を求める顧客層を失うことになり、後者の場合には企業の収益性を低下させる。また、差別化によって高付加価値化した内容がそもそも顧客にとっても価値があるのかを考える必要もある。顧客層に価値をもたらさない差別化はそのコストを価格に反映させることができず、コスト上昇によって企業の収益性を下げるだけとなってしまう。また、差別化は高付加価値化だけを指すものではなく、逆に低付加価値化することで価格弾力性の強い顧客を狙うという「逆の差別化」も可能である。逆の差別化では販売される商品は現行商品の下位互換品となり、一部の機能を低下させ、または、省くなどすることで生産コストを抑えて低価格で販売されることが一般的である。

　後発企業が逆の差別化によって生み出した下位互換品で市場参入しても先発企業が価格攻勢によって後発企業を排除することは必ずしも合理的な選択とはならない場合が多い。まず、先発企業が生産する現行品は後発企業が生産する下位互換品よりも高付加価値であるため、生産コストが高くなる。また、もし先発企業が後発企業の下位互換品のコストに対抗するために現行製品を低付加価値化した場合には高付加価値な商品を生産するための投資が無駄になるだけでなく、自社のブランドの低下や高付加価値な商品を求める顧

客層を失うことになる。下位互換品で参入した後発企業は最初から高付加価値な商品を生産する投資を行っていないため、無駄な投資は発生しない。そのため、下位互換品で参入する後発企業は先発企業に対してコスト優位性を持つ。このようなことから、下位互換品で市場参入してくる後発企業に対して先発企業は参入阻止行動を行わないことが合理的であるケースが多い。そのため、参入阻止行動を受けないためには、後発企業は先発企業の商品よりも明らかに低付加価値な下位互換品であることを市場のみならず先発企業にも認識させることが重要となる。

6－2－1－4. 経営資源と新規参入への対応

　先発企業の経営資源も先発企業の後発企業に対する対応に影響する。まず、参入阻止行動には資金力などの経営資源が必要である。後発企業に対する参入阻止行動で最もよくとられる手段は価格攻勢による参入阻止である。参入阻止価格は後発企業が市場から撤退することを決意するレベルに低価格である必要があるため、先発企業は利益率の低下を甘受せざるを得ない。また、場合によっては一時的に損失が出るレベルまで価格を下げる場合もある。価格攻勢による参入阻止行動には一定額の原資が必要となり、その原資の量は参入阻止行動の有効性と持続性を左右する。

　上田（1995）は先発企業と後発企業の資本規模の差に着目し、その資本規模の関係性によって後発企業のとるべき戦略について以下のようにまとめている。先発企業と後発企業両者の資本力が拮抗している場合（対称競争）には、後発企業は低価格を武器に参入するか差別化戦略をとるかの二択となる。自社に先発企業に勝る技術力やブランド力がある場合には差別化戦略が第一選択となる。先発企業の資本力が後発企業に優っている場合（非対称競争）には、後発企業は先発企業との競争を避ける必要がある。一般的に資本力に優れた先発企業は後発企業よりもブランド力や技術力を持っている場合が多く、後発企業がそれらで先発企業に勝利する可能性は低い。後発企業のとるべき選択肢の一つは、低コスト体質を活かして先発企業が追随できない（あるいは、追随したくない）レベルの低価格戦略をとることである。もう一つの選択肢は、先発企業がその規模のために入り込めないようなニッチマー

ケットに特化した差別化戦略をとり、先発企業との競争を避けることである。先発企業が後発企業よりも資本規模が小さい場合（逆の非対称競争）には、後発企業は低価格戦略と差別化（高付加価値化）戦略の2つの選択肢がある。先発企業が既に強いブランド力や技術力を持っている場合には、後発企業は資本力を活かした大量生産によって低価格戦略をとることになる。逆に先発企業のブランド力や技術力が低い場合には自社の資本力を活かした投資を行って差別化戦略をとることになる。

　前述のように明らかな下位互換品を市場投入することは先発企業との競争を避ける上で有効である。後発企業が市場に下位互換品を投入する場合、その生産財の一部は先発企業の上位互換品と共通である場合もしばしばみられる。例としては航空業界のグランドハンドリング、乗務員の教育訓練や移動体通信事業の基地局などである。後発企業は先発企業の保有するそれらの生産財を利用することで自社の初期投資を低く抑えることができ、先発企業にとってもスケールメリットによって固定費用の削減が可能である。後発企業が明らかな下位互換品で参入し、顧客層が明らかに違う商品であれば、先発企業としてもわざわざコストをかけて参入阻止を行うモチベーションが働かない。この戦略をとる場合には、後発企業は市場が先発企業の商品との違いを容易に認識できるようなマーケティング戦略をとる必要性がある。

6-2-2. 先行者利益と先行者不利益

　市場に新規参入が発生すると先発企業は自社の市場を守るための戦略を考え実行しなければならない。新規参入する後発企業にとっても先発企業との競争で生き残るための戦略を考える必要がある。先発企業はその先行者利益を活かして後発企業との競争を行うことができ、後発企業も先発企業の先行者不利益を活かして先発企業の市場シェアを奪い取ることができる。本項では既存の先行者利益・先行者不利益の議論をまとめる。

6-2-2-1. 先行者利益

　Liberman & Montgomery（1988）は先発企業は技術的優位、希少資源の先行獲得、買い手の乗換コストなどの面で後発企業に対して優位にあると述べ

ている。技術的優位は経験曲線によるコスト優位性と研究開発ノウハウの蓄積や特許による技術の独占などである（Liberman & Montgomery 1988, pp.42 - 43）。経験曲線とは累計生産数と企業の商品のユニットコストの推移を表す関数で（Spence 1981, p.49）、累積生産数に比例して商品のユニットコストが低下する（Spence 1981, p.68）。また、先発企業と後発企業の技術的格差が大きい場合には、先発企業が更に積極的に研究開発投資を行うことで後発企業は技術力で対抗することが困難となる。そのため、先発企業は研究開発投資によって後発企業の研究開発のモチベーションを削ぐことも可能である（Gilbert & Newbery 1982, p.521）。先発企業が先行獲得できる希少資源とは原材料、生産設備や市場などである。先発企業と後発企業の間には情報の非対称性があり、先発企業はその優位を活かして原材料、労働力、流通網や工場用地などを後発企業よりも有利に取得して優位を持続的なものにすることができる（Liberman & Montgomery 1988, p.44）。また、生産した商品を販売する市場も企業にとっては重要な資源である。多くの商品市場の中で高収益セグメントを獲得できる企業は限られている（Liberman & Montgomery 1988, p.45）。先発企業は高収益セグメントを先行取得して後発企業の高収益セグメントへの参入を困難にすることが可能である。また、成長市場においては新規のセグメントに後発企業よりも早く商品を投入し、後発企業の参入を持続的に食い止めることも可能である（Liberman & Montgomery 1988, p.45）。また、買い手の乗換コストには直接的なコストと間接的なコストがあり、直接的なコストとしては乗換に伴う新規の投資、乗換によって発生する買い手の手間（乗換時の生産ラインの停止や従業員のトレーニングなど）、先発企業によって意図的に作られた構造的なコスト（長期利用割引など）があり、間接的なコストとしては供給元変更に起因する品質リスクや不具合発生リスクなどがある（Liberman & Montgomery 1988, p.46）。

　久保（2016）は田淵（2009）が行った日本におけるマーケットシェアの変化に関する調査をもとに Liberman & Montgomery（1988）の主張を検証し、先行者利益は永続的なものとは限らず、技術や消費者ニーズといった経営環境の変化が後発企業のビジネスチャンスとなりうると述べている。Liberman & Montgomery（1988）の主張する先発企業の先行者利益は技術的優位、希少

資源、直接乗換コスト、間接乗換コストなどである。これらの障壁のうち希少資源については前述の情報の非対称性などのために後発企業が先発企業の優位を翻すことは非常に困難である。また、間接乗換コストも先行商品のブランド力となるために後発企業がそれに勝る競争力を持つ商品を市場に投入することは容易ではない（久保 2016, p.478）。一方で、技術と直接的乗換コストに関しては技術革新や消費者ニーズの変化などの外的環境の変化で先発企業の優位が崩れ、後発企業のビジネスチャンスとなる場合もありえる（久保 2016, p.476）。

　旅客航空運送業界において、技術開発は航空機製造事業者などの外部に依存しているために航空会社間で技術的優位は発生し得ない。運輸業界などの公益事業では競争原理を導入する際に機能が垂直的に統合されていることが競争導入の障壁となることがあり、電気通信事業では基幹網とラストワンマイル[1]、電力事業では発電と送電網、鉄道事業では列車と軌道が統合されていることが障壁となる場合が多い（野村 1998, p.133）。通信事業のラストワンマイル、電力事業の送電網、鉄道事業の軌道などはサービスの効用を消費者が享受するにあたって不可欠のものであるが、これらは事業者ごとに整備することは非効率な機能である。航空輸送事業については空港運営が航空会社から分離されているが、空港発着枠や路線権益は原則的に過去の運航実績に基づいて配分されるために先発企業に優位に配分されていることが一般的で、先発企業にとって既得権益となる（野村 1998, p.133）。後発企業が旅客利便性の高い混雑空港の昼間帯発着枠を取得することは非常に困難であるため、混雑空港の発着枠や混雑路線の路線権益が希少資源にあたる。直接的な乗換コストについてはマイレージサービスなどがこれにあたる。間接的な乗換コストであるブランド力については先発企業が有利であるが、移動するという旅客航空輸送の本質的な機能についての不確実性は先発企業も後発企業も同じである。このようなことから、旅客航空輸送事業における先行者利益は主に昼間帯空港発着枠であると言える。

　　1）Last One Mile: 最後の交換機から加入者の接続点までの回線のこと。

6-2-2-2. 先行者不利益

Liberman & Montgomery（1988）は先行者利益を主張する一方で先発企業には先行者不利益があるとも述べている。先行者不利益として挙げられるのは後発企業による投資の「ただ乗り」、新事業を展開する上での技術や市場の不確実性、後発企業に参入機会を与えるような技術革新や顧客ニーズの変化や組織の慣性によって環境変化に対応できなくなることなどである。前者については、研究開発の成果だけではなく顧客教育やインフラ整備などで先発企業が投資してきた成果に後発企業は「ただ乗り」が可能である（Liberman & Montgomery 1988, p.47）。後発企業は先発企業よりも少ない投資で技術を獲得でき、先発企業はコスト優位性を失ってしまう。また、後者については、新規事業には技術や市場の不確実性はつきもので、そのリスクは先発企業が負っているが、後発企業はこのようなリスクを回避可能である（Liberman & Montgomery 1988, p.47）。また、先発企業がこれらの不確実性を克服できた場合にはネットワーク外部性による先行者利益を得ることができる一方で、その技術が後発企業に模倣されることで先進性が損なわれていく。先進性がなくなった商品は価格競争に陥り、後発企業がコスト面での優位性を持っている場合には先行者不利益となる（Teece 1986, p.288）。後発企業に参入機会を与えるような技術革新や顧客ニーズの変化は先発企業にとっては脅威となる。先発企業にとっては既に投資した技術や開発した市場が無駄になるばかりか、その技術革新や顧客ニーズの変化が後発企業の市場参入のチャンスとなる場合もある（Liberman & Montgomery 1988, p.48）。先発企業の組織の慣性とは、先発企業の戦略が過去の投資によって形成された有形無形の資産に束縛されてしまうこと、既存の自社商品との共食いを恐れて新しい戦略を打ち出せなくなることや組織的に柔軟性がなくなってしまうことが原因で環境変化や競争上の脅威に対応できなくなることである（Liberman & Montgomery 1988, pp.48-49）。過去の有形資産への投資やマーケティングチャンネルへの投資を放棄することが莫大なサンクコストとなるために先発企業の判断が短期的な視点になることもしばしばある（Liberman & Montgomery 1988, p.49）。

Boulding & Christen（2001）は先発企業は売上においては有利となるがコストでは不利となる場合が多いと述べている。市場参入当初は売上での優位

がコストでの劣位を十分にカバーできるため後発企業よりも高収益を得ることができるが、売上での優位は徐々に消滅して市場参入後10年強で優位が消滅する場合が多い（Boulding & Christen 2001, p.21）。先行者利益をもたらす要因の一つは先発企業が後発企業よりも多くの事業経験によって得られる経験曲線によるコスト優位性である（Liberman & Montgomery 1988, pp.42‐43）が、後発企業が参入後に高いシェアを得ることで同様の利益を得た場合には先発企業のコスト優位性は維持できない。そのことからも後発企業参入後も高い市場シェアを維持可能であるかが先行者利益を維持する上で非常に重要な要素となる（Kalyanaram et al. 1995, p.219）。

　旅客航空輸送事業においては後発企業による先発企業への投資へのただ乗りは人材面などで発生する。航空機の運航には運航乗務員、整備士や運航管理者などの国家資格を必要とする職種が存在し、それらの資格は航空会社ではなく資格者個人に属する。そのため、先発企業が養成した人材を中途採用することで後発企業は先発企業の人材投資にただ乗りすることができる。

　兒玉（2013）は日本国内における店頭写真プリントサービスの先発企業と後発企業の相互作用の研究をもとに先発企業も後発企業の投資に「ただ乗り」することで利益を得ていると述べている。Liberman & Montgomery（1988）の主張において、後発企業は先発企業の研究開発・顧客教育・インフラ整備などの投資に「ただ乗り」することで先行者利益に対抗してきたとされている。一方で、後発企業が先発企業に追随することでサプライヤーの技術の向上、原料価格低下や市場の拡大に影響を及ぼし、その波及効果を先発企業が享受できるからである（兒玉 2013, p.24）。後発企業の市場参入は競争を激化させ価格低下をもたらすが、市場の拡大によるスケールメリットや原料サプライヤー間の価格競争が激化することで原料価格の低下がもたらされる。また、原料サプライヤー間での技術競争の激化によって原料サプライヤーの技術力が向上する。これらは後発企業が市場参入したことで得られる恩恵であるが、後発企業のみならず先発企業も同じように享受可能である。

　旅客航空輸送事業において兒島（2013）の主張は航空機材市場の拡大によるスケールメリットや整備やグランドハンドリングの稼働率向上などの面で確認できる。航空機材はリージョナル機材[2]を除けば米国 Boeing 社と欧州

Airbus 社の 2 社による寡占状態であるため、航空会社にとって航空機材はサイズごとの 2 択状態[3]となっており、エンジンについてもロールスロイス、GE、プラットアンドホイットニーの 3 択状態である。そのため、後発企業が参入することで航空機材の生産量が拡大して先発航空会社もその恩恵を受けることになる。また、整備やグランドハンドリングについても後発企業の参入によって先発企業は稼働効率の向上という恩恵を受けることができる。整備やグランドハンドリングに必要な設備や人員は発着便数の少ない空港にも一定数配置することが必要であり、発着便数が少なければ稼働効率が低下して便あたりのコストが増加する。また、発着便数が多い空港においても他社の整備やグランドハンドリングを受託できれば、スケールメリットによって稼働効率が向上する。先発企業は後発企業の整備やグランドハンドリングを受託することで整備やグランドハンドリングの稼働率を向上させることができ、後発企業から恩恵を受けることができる。

6-3. 参入阻止行動モデル

　前節では非対称競争市場における後発企業の参入とそれに対する先発企業の対応に関する先行研究をまとめたが、本節ではその議論をもとに先発企業による参入阻止行動のモデル化を行う。

6-3-1. モデルの仮定

　このモデルは本邦国内線航空旅客輸送事業への適用を前提として設定するため、以下のような仮定を設ける。まず、市場には先発企業と後発企業の 2 社が存在するものとする。本邦の国内航空輸送事業では、同一路線に就航している先発企業は 1 社とは限らないが、先発企業間での価格競争は一定の期間を経ると均衡価格状態になり大きな価格差が生じない。そのため、モデルの単純化のために先発企業は 1 社、後発企業は 1 社としてモデルの設定を行

---

2) 旅客定員およそ 80 名弱の機材のこと。
3) 大型機は Boeing777 型機と Airbus A350 型機の 2 択、中型機は Boeing787 型機と Airbus A330 型機の 2 択、小型機は Boeing737 型機と Airbus A320 型機の 2 択状態である。

う。また、航空便は出発時間によって商品の価値が変わるが、本邦の国内線では先発企業・後発企業ともにほとんど同じ時刻に複数の便を就航させるケースが一般的であることから両者の出発時間による差異はないものとする。また、その発着枠に使用する機材（投入生産量）は各社の任意で選べるものとするが、実際には後発企業は運航機材が単一機種である場合が多く、実質上選択の余地はない。先発企業は運航する路線が多いため、減便によって投入生産量を減らしたとしても他路線にその経営資源をシフトできるが、後発企業は投入生産量を減らすことは不可能である。また、先発企業は当該路線を長く運航した実績から後発企業よりも強いブランド力を持っていることとする。そのため、価格が同じであれば顧客は先発企業を第一選択とするものとし、先発企業はロードファクターの上限値[4]（同一価格によって取り込める最大のロードファクター）まで集客できるものとする。後発企業は先発企業よりも低価格で参入してくるものとする。また、先発企業は当該路線では発着枠をこれ以上取得することはできず、運航機材を変更するか後発企業をM&Aによって買収する以外に生産量を増やす手段がないものとする。

6-3-2. モデルの説明

　後掲〈図表6-1〉は、本邦国内線航空旅客輸送事業をもとにした非対称競争下での先発企業の参入阻止行動をモデル化したものである。このモデルも ⅰ）後発企業の参入意思決定、ⅱ）参入阻止行動、ⅲ）先発企業の積極的価格攻勢、ⅳ）後発企業破綻後の対応を段階ごとに分解している。

6-3-2-1. 後発企業の参入意思決定

　〈図表6-1〉の「ⅰ．後発企業の参入意思決定」では後発企業が非対称市

---

4) 理論上は先発企業の商品力（ブランド力）が後発企業以上である場合には先発企業は投入生産量まで集客可能であるが、実際には通常期の国内航空路線では投入生産量の概ね70～90％までの集客が限界である。先発企業が後発企業と完全に同じ料金を出すことはないこと、値段がほとんど同じなら混雑していない便を選ぶ顧客層が存在すること、地元の航空会社を応援したいや新規航空会社に乗ってみたいなどの動機で後発企業を選ぶ顧客が一定数存在することなどが原因である。

場に参入するか否かの意思決定を示している。先発企業のサンクコストを信頼し得る脅威として認識している場合には、後発企業は参入阻止行動を恐れて市場参入を諦め、市場は先発企業の寡占状態が継続する。

　一方で、後発企業が先発企業のサンクコストを信頼し得る脅威と認識しなかった場合には生産財を確保して市場参入を試みる。航空業界は他の交通産業に比べてサンクコストが低い。航空業界では空港・航空路・航空管制などのインフラは政府負担で運営されており、主要な生産財である航空機もリースや転売が容易である。また、先発企業は多くの路線を運航しているため、一路線から撤退したとしてもその経営資源を他の路線に回すことができる。そのため、先発企業がサンクコストによって「信頼しうる脅威」を示すことは難しい。ただし、本邦の地方空港においてターミナルビルの運営が民営化されている場合には先発企業である ANA や JAL はターミナルビル運営会社に出資している場合が多い。ターミナルビルへの投資はサンクコストにはならないが、その空港に就航する路線へのコミットメントとしてサンクコストと同じように働く。一方で後発企業のサンクコストは比較的大きい。後発企業は就航している路線が少ないため、路線から撤退したとしてもその経営資源を回す選択肢が少ない。特に新規参入企業の場合には一路線にしか就航していない場合も多く、路線から撤退するという選択肢がそもそも存在しないケースも多い。先発企業にとっては後発企業には撤退するという選択肢がないことが、「信頼しうる脅威」として機能する場合もある。

6-3-2-2. 参入阻止行動

　〈図表6-1〉の「ii. 参入阻止行動」は先発企業が価格攻勢によって後発企業の市場参入を阻止するか否かの意思決定を示している。先発企業が参入阻止行動をとるか否かは後発企業の価格、後発企業参入以前（参入阻止行動以前）の先発企業の販売価格と両者の投入生産量で決定される。

　後発企業が低価格（Pe）で市場参入してきた場合、その低価格によって今まで航空機を利用しなかった顧客層の一部が航空機を使用するようになり市場が拡大する。先発企業は後発企業よりもブランド力があるため、後発企業と同価格（Pe）であれば投入生産量（Ci）と上限ロードファクター（a）の積

まで旅客を取り込むことができ、その時の収入（Rc）は「$Rc=\alpha PeCi$」となる。一方で、値下げによって単価が落ちてしまい、値下げしなかった時の収入（Ri）よりも Rc が低くなってしまっては価格攻勢を行う合理的理由がない（たとえ、無理をして市場から排除しても同じようなコスト構造を持った後発企業が引き続き市場参入する）。そのため、「$Rc\geqq Ri$」が成り立っていることが価格攻勢を行う条件となる。Ri は値下げをしなかった場合の顧客数（Ni）と従来の販売価格（Pi）の積であるため、「$Ri=NiPi$」となる。Ni は路線の全旅客数（Nt）から後発企業が限界まで獲得した旅客数を引いたものとなる。後発企業が限界まで獲得した旅客数は後発企業の投入生産量（Ce）に上限ロードファクター（α）をかけたものであるため、「αCe」となる。

故に Ni は以下のように表すことができる。

$$Ni = Nt - \alpha Ce \cdots\cdots ①$$

以上のことから、以下の不等式が成り立つ場合には先発企業は参入阻止行動をとる。

$$NiPi < \alpha PeCi$$

$$0 > NiPi - \alpha PeCi \cdots\cdots ②$$

②に①を代入すると

$$0 > (Nt - \alpha Ce)\ Pi - \alpha PeCi \cdots\cdots ③$$

一方でこの不等式が成り立たない場合には先発企業は後発企業の参入に対しては参入阻止行動を取らずに、高付加価値化することでイールドの向上を目指すか投入生産量を減らしてコストを削減することが合理的な選択となる。

6−3−2−3．先発企業の積極的攻勢

〈図表6−1〉の「ⅲ．先発企業の積極的攻勢」は参入阻止行動として先発企業からも積極的に価格攻勢をとる必要性を示している。非対称競争では先発企業のブランド力は後発企業よりも高く、ほぼ同価格の場合には旅客は先発企業を第一選択とする。そのため、先発企業は後発企業よりも高価格で座席を販売可能である。つまり、先発企業は後発企業よりも常に一定度高い価格を維持していても参入阻止は成立する。しかし、同じような商品を供給する後発企業が市場に存在している限り先発企業は競争的な価格を維持すること

を余儀なくされるため、後発企業を市場から完全に排除することが理想的である。後発企業を完全に市場から排除するためには先発企業は破滅的価格を含めた更に積極的な価格攻勢により後発企業が持続的に路線を維持できないようにするという選択肢もある。しかし、積極的な価格攻勢にはコストがかかるため、先発企業にとってはそこまで行うか否かの判断が必要となる。

　航空旅客輸送事業ではコストの元となる指数はユニットコストで表され、「円/ASK（座キロ：Available Seat Kilometer）」で表される。投入生産量（Ce）とユニットコスト（Ue）と路線距離（D）の積が路線の総コスト（Te）となるために、後発企業のコストは以下の式で表される。

　　$Te = CeUeD$ ……④

　路線収入（Re）がコストを上回らないとその路線は持続的でないことから、後発企業が路線を維持するためには以下の不等式が成立することが必要となる。

　　$Re \geqq Te$ ……⑤

　後発企業の路線収入（Re）は後発企業の旅客数（Ne）と価格（Pe）の積であるから、⑤に代入すると以下のようになる。

　　$PeNe \geqq CeUeD$ ……⑥

　ただし、この不等式は企業の採算性ではなく、路線の採算性を表しているに過ぎない。企業の採算性は路線の採算性だけでなく本社経費や金利などの固定費を回収する必要がある。それらの固定費の回収には路線を多く持つ先発企業の場合には他の路線の利益を回すことができ、路線を維持することが可能である。一方で、後発企業のように路線数の少ない企業の場合には単独路線でそれらの固定費を回収する必要がある。そのため、⑥の左辺（$PeNe$）に「固定費配分による係数（Fe）」を掛けることが必要となる。

　故に $0 \leqq FePeNe - CeUeD$ ……⑦

　この不等式が成り立つ場合には、後発企業は現行価格で持続的にビジネスを継続することが可能であるため、先発企業は破滅的価格攻勢を含む積極的な攻勢を行うことになる。積極的な攻勢には更に踏み込んだ価格攻勢や投入生産量の増加などがある。

　一方で、この不等式が成り立たない、つまり「$0 > FePeNe - CeUeD$」が

成立する場合には、後発企業は遅かれ早かれ自滅するために先発企業から積極的な攻勢をかける必要はなく、後発企業よりも一定度の高価格を維持していれば後発企業を市場から排除することが可能である。

6-3-2-4. 後発企業撤退後の対応

〈図表6-1〉の「ⅳ. 後発企業撤退後の対応」は先発企業による後発企業への参入阻止行動が終結後の状況を示している。

参入阻止行動終結後、後発企業の撤退によって生産財に余剰ができた場合には別の後発企業がその生産財を利用して参入してくることが考えられる。その場合には先発企業は再度参入阻止行動を取ることになる。特に航空業界では空港発着枠が重要な生産財となり、余剰発着枠がある限り引き続き市場参入が発生する。そのため先発企業は生産財を常に入手困難な状況にしておく必要があり、余剰生産財を先発企業が取得できる場合にはその生産財を取得することで潜在的な後発企業の参入を防止する必要がある。一方で、先発企業がその生産財を取得できない場合（発着枠は政府の方針によって先発企業には配分されない場合が通常である）には後発企業を完全に排除するのではなく、M&Aなどによって支配下に置くことも合理的な選択肢となる。

6-4.「本邦国内線旅客輸送事業統計」によるモデルの検証

3節では非対称市場において後発企業が低価格で参入してきた際の先発企業の戦略をモデル化した。本節ではそのモデルを実際のケースに適用することでそのモデルの有効性を検証する。なお、本稿では1998年の北海道国際航空（以後：ADO）の東京・札幌線参入、2002年のスカイネットアジア航空（以後：SNA）の東京・宮崎線参入及び2012年のPeach Aviation（以後：APJ）の大阪（関西）・札幌線参入をケースとして扱う。前者の2件はFSC[5]の市場参入で、後者はローコストキャリア（LCC）の市場参入のケースである。本節で使用するデータは国土交通省発行の「航空輸送統計年報」内の「国内

5）ADO及びSNAがFSCかLCCかの議論は存在するが、ノーフリルサービス（機内のドリンクサービスなどの付加サービスを行わないサービスポリシー）ではないことやコスト構造から本稿ではFSCとして扱う。

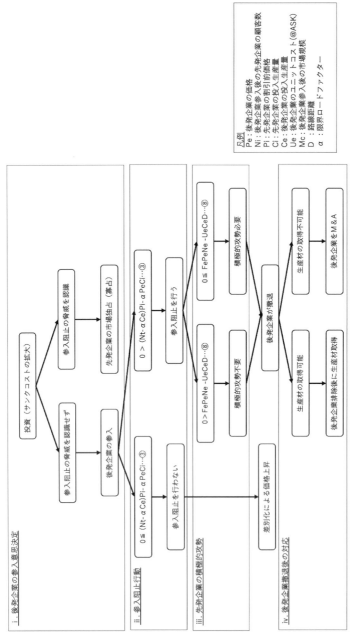

〈図表6-1〉 非対称競争下における先発企業の参入阻止行動モデル

定期航空輸送実績」および国土交通省プレスリリースを用いた。

6 – 4 – 1. モデルの仮定

　航空運賃には普通運賃や特割運賃などのさまざまな運賃が存在するが、本章でモデルに適用する運賃は増田（2004）[6] の先行研究に従い、先発企業の従来の価格（Pi）を後発企業参入直前の先発企業の主要な特割運賃（特割運賃の設定がない場合には普通運賃）とする。また、後発企業参入後の対抗運賃（Pe）についても同様に先発企業の主要な特割運賃とする。また、先発企業は ANA、JAL 及び JAS とする。また、上限ロードファクター（a）は 85 ％とする。ユニットコストについては FSC である ANA、JAL、JAS、ADO、SNA は ¥ 11.0/ASK（座キロ）、LCC である APJ は ¥ 7.0/ASK とする[7]。また、本社経費や金利などの固定費は概ね路線売上の 20 ％程度となる（森内・高橋 2010, p.102）ため、固定費配分による係数（Fe）は 0.8 とする。

　なお、航空業界ではユニットコストや旅客数などのデータに企業間の情報障壁はほぼ存在しない。航空業界は使用する生産財がほぼ共通していることや相互に受委託関係があることなどから企業間の情報の障壁が非常に低い。そのため、先発企業・後発企業双方はお互いのデータを概ね把握している。また、価格についても国土交通省に届出の義務があり、逐次その情報は公開されるため双方が相手の販売価格を容易に知ることができる。そのため、本モデルでは先発企業と後発企業の双方が相手の生産量、搭乗者数や運賃体系などを理解しているものとする。

　なお、航空運賃は国土交通省への事前届出制であるため、航空会社の決定から実際に料金が改定されるまでには 2 カ月程度の時間がかかる。また、投入生産量の変更も機材調整や乗員調整などに 2 カ月程度の時間が必要となる。そのため、企業の実際の行動はモデルの不等式の成立から 2 カ月程度のタイムラグが生じる場合が一般的である。

　6）増田（2004）ではダンピング規制の視点から北海道国際航空の市場参入を例に非対称市場下での後発企業の参入に対する先発企業の対応を検証している。

　7）各社の有価証券報告書等のデータをもとに著者が概算した。

6-4-2. 北海道国際航空（ADO）の市場参入のケース

　東京（羽田）・札幌（新千歳）路線は ANA、JAL と JAS による寡占状態で
あったが、1998 年 12 月に後発企業である ADO が東京（羽田）・札幌（新千
歳）路線に¥ 16,000 の低価格で参入した。参入時の運航頻度は 1 日 3 往復
で使用機材は Boeing767 型機（286 席）であった。ADO の参入 3 カ月後の
1999 年 3 月に先発企業の ANA、JAL 及び JAS は¥ 20,000 であった運賃を
特割運賃という形で実質上値下げし、¥ 17,000 の参入阻止価格で対抗し
た[8]。また、当該路線の繁忙期に入る 1999 年 6 月には¥ 16,000 と後発企業
と同レベルまでの対抗価格を提示した。2000 年 9 月に ADO が¥ 18,000 ま
で値上げした時と 2001 年 2 月に¥ 20,000 まで値上げした時には先発企業は
同価格まで追随して、共存共栄策をとっている（増田 2004, p.643）。しかし、
2002 年 2 月に ADO が先発企業の共存共栄策を期待して¥ 23,000 まで値上
げを行った時には先発企業は追随せずに¥ 20,000 で価格を据え置いた（増
田 2004, p.645）。その後、ADO は自主経営を断念し、2002 年 6 月には ANA
の出資を前提とした包括提携契約の下で座席の 50 ％（その後は 25 ％まで低
下）を ANA が販売することとなった。ADO 参入時から ANA との包括契約
締結までの価格は〈図表 6-2〉の通りであった。

6-4-2-1. 後発企業の参入意思決定

　先発企業は新千歳空港と羽田空港共に自社でグランドハンドリング会社を
設立しており、羽田空港には自社整備体制を完備するなど大きな投資を行っ

〈図表6-2〉　東京・札幌線　価格変動推移（1998/12 ～ 2002/06）

時期	1998/12	1999/03	1999/06	2000/09	2001/02	2002/02	2002/06
ADO 価格	¥ 16,000	¥ 16,000	¥ 16,000	¥ 18,000	¥ 20,000	¥ 23,000	¥ 23,000
先発企業価格	¥ 20,000	¥ 17,000	¥ 16,000	¥ 18,000	¥ 20,000	¥ 20,000	¥ 20,000
ADO	市場参入			値上げ	値上げ	値上げ	自主経営断念
先発企業		参入阻止	参入阻止	追随	追随	追随せず	包括契約

出典：増田（2004）及び「国土交通省プレスリリース」より著者作成

8）「国土交通省プレスリリース」に拠る。

ていた。しかし、ADO の投入する生産量は先発企業の 4 ％弱に過ぎなかっ
たため、大勢に影響を及ぼすものではなかった。そのため、先発企業には特
にサンクコストはなかったと言える。一方で、ADO は東京・札幌線のみの
単独路線での参入であったため、サンクコストは非常に大きかったといえ
る。また、ADO 設立時の東京・札幌線は年間利用者数 800 万人という当時
では世界最大の利用者数を誇る「ドル箱路線」であり（増田 2004, p.628）、価
格を下げることで更に新しい需要を喚起できると考えられていた。また、当
時は羽田空港および新千歳空港の発着枠は既に限界に達しており、大手航空
会社がこれ以上生産量を伸ばすことはほとんど不可能と考えられていた。そ
のため、ADO は大手航空会社が値段を落としてまで新規の顧客を取り込む
ことは合理的でないと考えていたと推測できる。

6－4－2－2．参入阻止

　参入阻止の発動基準である「$(Nt-\alpha Ce)\ Pi-\alpha PeCi$」の値を ADO が市場
参入する 1998 年 12 月から自主経営を断念する 2002 年 6 月までの間に適用
すると〈図表 6－3〉の通りとなる。

　「雪まつり」の繁忙期（2 月）と夏の繁忙期（7 ～ 9 月）以外のほとんどの
時期に「$0 > (Nt-\alpha Ce)\ Pi-\alpha PeCi$」が成立し、ADO の参入は先発企業に
とっては参入阻止行動を発動する対象となり得る存在であったと言える。特
に ADO が価格を上げた 2000 年の秋以降には、繁忙期・閑散期を問わず、常
に「$0 > (Nt-\alpha Ce)\ Pi-\alpha PeCi$」が成立している。実際、先発企業は参入 3
カ月後の 1999 年 3 月から価格攻勢による参入阻止行動を発動し、その参入
阻止行動は ADO が自主経営を断念し、先発企業の一社である ANA と包括
契約を締結するまで継続した。

6－4－2－3．先発企業の積極的攻勢

　先発企業の積極的攻勢の発動基準である「$0 \leq FePeNe-CeUeD$」の値を
ADO が市場参入する 1998 年 12 月から自主経営を断念する 2002 年 6 月まで
の間に適用すると〈図表 6－4〉の通りとなる。

　ADO 参入以降、「$0 \leq FePeNe-CeUeD$」は 2001 年 5 月までは雪祭りと夏

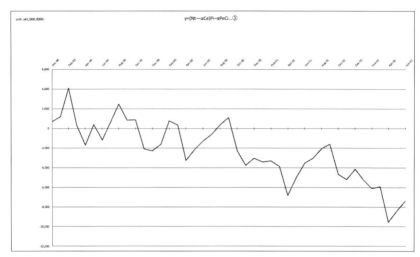

〈図表6-3〉　ADO参入から自主経営断念までの「$(Nt-aCe)\ Pi-aPeCi$ …式③」
出典：「航空輸送統計年報」および「国土交通省プレスリリース」より著者作成

のピーク時以外は成立していないが、それ以降については常に積極的攻勢を発動する基準を超えている。そのため、先発企業は2001年5月以降は更なる積極的な価格攻勢に出てADOの搭乗率を下げることで事業の継続を阻害することが合理的となる。実際、先発企業は1999年3月に参入阻止行動を開始し、1999年6月にADOと同価格まで値下げを行って以降、2000年9月、2001年2月のADOの値上げには共存共益策をとって同価格までの値上げを行ってきた。しかし、2002年2月にADOが¥23,000に値上げを行ったときには共存共益策を取らず、¥20,000の価格を据え置いている。先発企業の投入生産量については〈図表6-5〉の通りとなるが、先発企業の投入生産量は雪祭りと夏の繁忙期を除いては月間100,000席強で安定しており、投入生産量増加による攻勢は特に行われていない。

6-4-2-4. 後発企業破綻後の対応

東京・札幌線において先発企業による3年強にわたる参入阻止策は奏功し、後発企業であるADOは2002年6月には民事再生法の適用を申請して産業再生機構に支援を要請することとなった。そして、2003年2月からは

第 6 章　先発企業の戦略と後発企業への対応　123

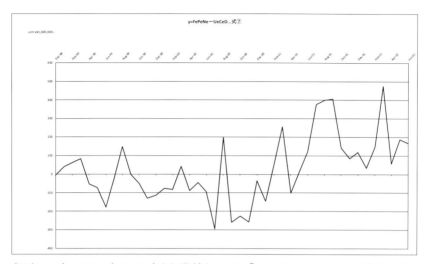

〈図表 6-4〉　ADO 参入から自主経営断念までの「*FePeNe−UeCeD*…式⑦」の推移
出典:「航空輸送統計年報」および「国土航空省プレスリリース」より著者作成

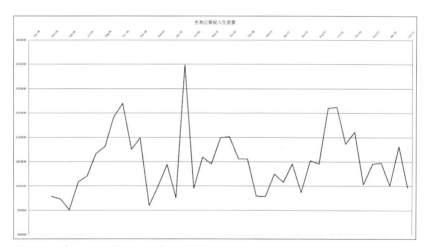

〈図表 6-5〉　ADO 参入から自主経営断念までの先発企業の投入生産量の推移
出典:「航空輸送統計年報」および「国土航空省プレスリリース」より著者作成

　ADO は先発企業の一社である ANA との包括提携契約の下での経営再建を図ることとなった。包括提携契約は整備体制の支援のみならず、全便をANA との共同運航便にして全生産量の 50％を ANA が買い取ること（その

後、25％に変更）や予約システムを共有化することなど、実質上は ANA 傘下で営業を継続する内容であった。先発企業にとって経営破綻した後発企業を傘下において支援する目的は混雑空港の発着枠である（戸崎 2008, p.47）。ANA は ADO を傘下に置くことによって限りある羽田空港と新千歳空港の発着枠を占有し、さらなる新規参入を阻害することができる。政府の競争促進策として混雑空港の発着枠を先発企業が直接占有できない状況下において、先発企業の ANA にとっては発着枠を持つ後発企業を傘下に置くことで羽田空港と新千歳空港の発着枠を間接的に占有することが現実的かつ最適の選択肢であったと言える。

6-4-3. スカイネットアジア航空（SNA）の市場参入のケース

2002 年 8 月に宮崎市に本社を置く SNA は東京（羽田）・宮崎路線に 1 日あたり 6 往復の高頻度運航と先発企業よりも広い座席を武器に参入した。使用機材は Boeing737-400 型機（150 席）であった。2002 年 8 月の SNA 参入当時の先発企業の価格は ¥ 31,000 であったが、SNA の参入価格は ¥ 21,000 であった。それに対して 2002 年 10 月には先発企業は ¥ 22,000 という参入阻止価格で対抗し、SNA も更に往復割引運賃で ¥ 18,500 で対抗した。その後、閑散期になる 11 月には先発企業は ¥ 18,500 まで価格を落とすも、市況が回復する 12 月には再度 ¥ 22,000 に値上げしている。その後、繁忙期となる 2003 年 7 月には更に先発企業は ¥ 24,000 に値上げし、SNA も ¥ 19,500 に値上げしている。また、閑散期となる 2003 年 9 月に先発企業は ¥ 20,500 に値下げしているが、SNA は価格を据え置いている。その結果、就航から 2 年も経たない 2004 年 6 月には SNA は約 30 億円の累積赤字と約 11 億円の債務超過によって自主経営を断念し、産業再生機構のもとで経営再建を行うこととなった。このように先発企業は参入数カ月後には SNA の参入に対して同価格までの参入阻止行動をとっているが、年末や夏期の繁忙期には価格を上げて需要増に対応している。しかし、繁忙期が終わる 9 月以降は再度 SNA の価格と ¥ 1,000 差まで迫った価格設定を行い、2004 年 6 月に SNA が民事再生法を申請するまで継続している。SNA は 2005 年には先発企業である ANA の出資と役職員の出向を受け入れて事業を継続することとなった。

第6章 先発企業の戦略と後発企業への対応　125

〈図表6-6〉 東京・宮崎線　価格変動推移（2002/08 ～ 2004/06）

時期	2002/08	2002/10	2002/11	2002/12	2003/7	2003/09	2004/06
後発企業価格	¥ 21,000	¥ 18,500	¥ 18,500	¥ 18,500	¥ 19,500	¥ 19,500	¥ 19,500
先発企業価格	¥ 31,000	¥ 22,000	¥ 18,500	¥ 22,000	¥ 24,000	¥ 20,500	¥ 20,500
SNA	市場参入	往復割引			値上げ		自主経営断念
先発企業		参入阻止	閑散期	値上げ	繁忙期	閑散期	包括契約

出典：「国土交通省プレスリリース」より著者作成

SNA参入時から自主経営断念までの東京・宮崎線の価格は〈図表6-6〉の
通りであった（なお、SNAは東京・宮崎線以外にも2003年9月に東京・熊本線
にも参入しているが、本稿では誌面の都合上、東京・宮崎線のみを扱う）。

6-4-3-1. 後発企業の参入意思決定

　SNAが就航した東京・宮崎路線は年間旅客数130万人程度の大規模な
ローカル線という扱いであった。そのため、既存大手3社は自社グループで
のグランドハンドリング運営体制はとらず総代理店契約によって地元の企業
に委託していた。一方で宮崎空港のターミナルビルを所有運営する宮崎空港
ビル株式会社には先発企業であるANAが20％出資し、JALも3.5％出資す
るなど先発企業が大きな投資を行っていた。しかし、既存3社は東京線以外
にも大阪線にも就航しており、東京路線を減便したとしてもその費用がサン
クコスト化することはなかった。SNA就航前には先発企業は1日11往復
（ANA：5往復・JAL：3便・JAS：3便）を就航させていたが、JALはSNAの
就航に合わせて1日3往復を1往復に減便している[9]。このような状況下で
SNAは東京・宮崎線に最高頻度で運航する先発企業の一つであるANAより
も1往復多く、座席数を減らすことでシートピッチを広くとった機材を使用
して、多頻度運航による利便性と広い座席による快適性を武器に就航した。
就航前年（2001年）の東京・宮崎線の年間平均ロードファクターは52.6％
で決して混雑路線ではなかったにもかかわらず就航したことから、SNAは
東京・宮崎線での多頻度運航によるドミナント効果を発揮でき、低価格で参

　9）国土交通省発行「航空輸送統計年報」に拠る。

入すれば先発企業が羽田空港の発着枠を他の高収益路線に回すために東京・宮崎線を減便すると認識していたことが推測できる。

6-4-3-2. 参入阻止

参入阻止行動の発動基準である「$(Nt-αCe)Pi-αPeCi$」の値を SNA が市場参入する 2002 年 8 月から自主経営を断念する 2004 年 6 月までの間に適用すると〈図表 6-7〉の通りとなる。SNA が市場参入した直後から 2003 年の夏の繁忙期までは年度末の繁忙期を除いて「$0>(Nt-αCe)Pi-αPeCi$」が成立しているが、それ以降は 2004 年 1 月までは成立していない。その後、年度末には成立するも、その後はまた成立しなくなる。そのため、先発企業にとっては 2003 年の夏の繁忙期までは参入阻止行動をとり、その後一旦参入阻止行動を緩和し、2004 年 1 月以降は再開することが合理的となる。実際、先発企業は SNA が参入した 2 カ月後の 2002 年 10 月には従来の価格から ¥9,000 値下げして ¥22,000 で参入阻止を行い、2002 年 11 月には後発企業と同価格（¥18,500）まで下げて参入阻止行動をとっている。年末の繁忙期を機に 2002 年 12 月には一方的に ¥22,000 に値上げを行っている。そし

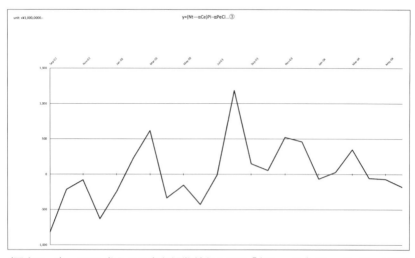

〈図表 6-7〉　SNA 参入から自主経営断念までの「$(Nt-αCe)Pi-αPeCi$ …式③」
出典：「航空輸送統計年報」および「国土交通省プレスリリース」より著者作成

て、2003年7～8月の繁忙期には￥24,000まで一方的に値上げをおこなった。その後、2003年9月には￥20,500まで値下げを行って再度参入阻止行動に出ているが、これはほぼ同時期にSNAは東京・宮崎線同様の非混雑路線である東京・熊本線に参入しており、その報復措置と見ることができる。その後は同価格を維持している。

6-4-3-3. 先発企業の積極的攻勢

先発企業の積極的攻勢の発動基準である「$FePeNe-UeCeD$」をSNAが市場参入する2002年8月から自主経営を断念する2004年6月までの間に適用すると〈図表6-8〉の通りとなる。

SNAが2002年8月に路線に参入して以来は2008年の夏の繁忙期までは年度末（2003年3月）を除いては「$FePeNe-UeCeD$」は0以下である。そのため、先発企業としては更に積極的な参入阻止行動を行う必要性はない。し

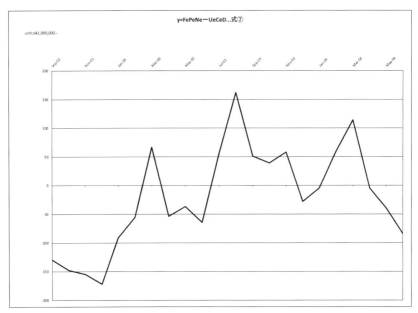

〈図表6-8〉　SNA参入から自主経営断念までの「$FePeNe-UeCeD$…式⑧」の推移
出典：「航空輸送統計年報」および「国土交通省プレスリリース」より著者作成

かし、2003年の夏の繁忙期以降、自主経営を断念する直前の2004年4月までは「FePeNe − UeCeD」が安定的に0を超えているため、先発企業は積極的な参入阻止行動をとることが合理的になる。実際、先発企業は2002年10月に￥22,000に設定した参入阻止価格を2002年11月には￥18,500まで下げているが、2002年の12月には￥22,000にまで戻し、2003年7月には￥24,000に戻している。その後、夏の繁忙期が明ける2003年9月にはSNAの羽田・熊本路線参入の報復措置もあって価格をSNAと￥1,000差の￥20,500に設定してSNAが自主経営を断念するまで参入阻止行動を継続している。同時期には「FePeNe − UeCeD」が安定的に0を上回っていることから積極的な参入阻止攻勢をとったためである。特に2004年1月以降は〈図表6-9〉の通りSNAの参入以降徐々に減少させてきた投入生産量を繁忙期でないにもかかわらず維持して参入阻止を行っている。

6-4-3-4. 後発企業破綻後の対応

東京・宮崎線において先発企業による参入阻止策は奏功し、後発企業であるSNAは2004年6月には民事再生法の適用を申請して産業再生機構に支援を要請することとなった。先発企業の一社であるANAが約17％を出資し、

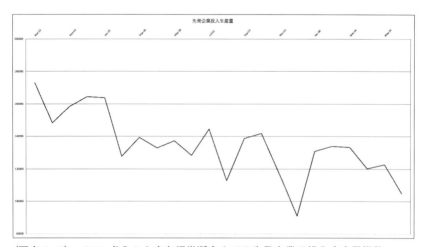

〈図表6-9〉　SNA参入から自主経営断念までの先発企業の投入生産量推移
出典：「航空輸送統計年報」および「国土交通省プレスリリース」よりより著者作成

ANA と予約システムを共有するなど実質的に自主経営を断念して ANA 傘下での再生を目指す内容であった。本ケースでも ADO と同様に先発企業（ANA）は経営破綻した後発企業（SNA）を傘下に置き、羽田空港の発着枠を占有することで新たな参入を回避するという選択肢をとった。

6－4－4．Peach Aviation（APJ）の市場参入のケース

2012 年 3 月に大阪府泉佐野市に本社を置く APJ は大阪（関西）・札幌路線に 1 日あたり 4 往復（就航当初は 3 往復）で参入した。使用機材はエアバス320 型機（180 席）であった。Peach Aviation は既存大手航空会社である ANAが株式の 33.4 %（現行は 77.9 %）を所有する航空会社で、本邦初の本格的LCC としてノンフリルサービスによる低価格を武器に市場参入を果たした。APJ の販売価格はリベニューマネジメントに基づいた変動価格制で購入する時期によって価格は変わるが、平均的には座キロメートルあたり¥ 7.5[10]という低価格であった。そのため、大阪（関西）・札幌（新千歳）線の距離（1085km）から計算すると、この路線の平均販売価格は¥ 8,137 となり[11]、最低販売価格に至っては¥ 4,780 であった。一方で先発企業の最低割引運賃は¥ 18,500 であった。先発企業は APJ の市場参入を静観し、特に参入阻止行動は取らず、¥ 18,500 の価格を維持し続けた。

6－4－4－1．後発企業の参入意思決定

APJ が就航した大阪（関西）・札幌路線は当時、ペリメーター規制[12] がかけられていた大阪（伊丹）・札幌路線の生産量不足を補うための路線であった。就航当時には伊丹空港の長距離路線発着枠制限は徐々に撤廃される方向であったため、先発企業にとっては既に重要な路線ではなくなっていた。関

10）「国土交通省プレスリリース」に拠る。
11）国土交通省発行「航空輸送統計年報」から著者が算出。
12）一定の距離を超える長距離路線に対して発着枠の使用制限を行うもの。伊丹空港では 2012 年当時には伊丹発の札幌（新千歳）線はペリメーター規制の対象となっており、使用可能発着枠数に制限かけられていた。当規制は 2013 年以降段階的に緩和され 2016 年に完全撤廃された。

西国際空港および新千歳空港には先発企業はいずれも自社グループでのグランドハンドリング会社を設立するなどの投資をおこなっていたが、両空港とも多くの路線が就航しており、その投資がサンクコストになるとは言い難い。APJ にとっては先発企業の 1 社である ANA は親会社であったため、もう 1 社の先発企業である JAL の対応が一番の懸念であった。ノーフリルサービスが先発企業には別の商品として認識されると考えていたことと、ノーフリルサービスの低コストを武器にした低価格に対抗することは FSC である他社にとっては合理的でないと APJ が考えていたことが推測できる。

6-4-1-2. 参入阻止

APJ に対しては結局どの先発企業も参入阻止行動を取らなかったが、APJ の平均価格（￥8,137）を参入阻止価格としてモデルを適用する。参入阻止行動の発動基準である「$(Nt-\alpha Ce)\ Pi-\alpha PeCi$」の値を APJ が市場参入する 2012 年 3 月から 2017 年 3 月までの間に適用すると〈図表 6-10〉の通りとなる。APJ が市場参入後、常に「$0＞(Nt-\alpha Ce)\ Pi-\alpha PeCi$」が成立しないため、参入阻止行動をとることは先発企業にとって合理的ではない。実際、先発企業は資本関係の有無を問わず、APJ に対して参入阻止行動を取っていない。また、伊丹空港のペリメーター規制は 2013 年度から段階的に緩和されて 2016 年度には完全に撤廃されたが、先発企業はその規制緩和に合わせて〈図表 6-12〉のように投入生産量を大阪（関西）・札幌路線から大阪（伊丹）・札幌線にシフトさせている[13]。つまり、先発企業はペリメーター規制の緩和に合わせて、大阪市内中心部からの交通利便性に劣る関西国際空港から、利便性に勝る伊丹空港に投入生産量をシフトすることで商品の高付加価値化を目指し、低付加価値の関西国際空港路線を LCC である APJ に譲ることで共存共栄策をとったと言える。

13）先発企業の大阪（関西）・札幌線の投入生産量の推移については〈図表 6-11〉を参照。

第 6 章　先発企業の戦略と後発企業への対応　131

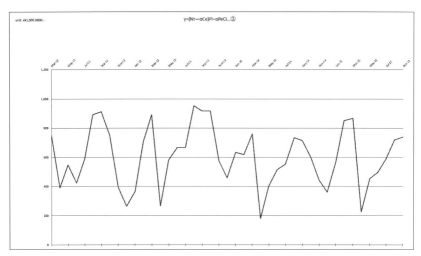

〈図表 6-10〉　APJ 参入から 2017 年 3 月までの「$(Nt-\alpha Ce)\ Pi-\alpha PeCi$ …式③」の推移
出典:「航空輸送統計年鑑」および「国土交通省プレスリリース」より著者作成

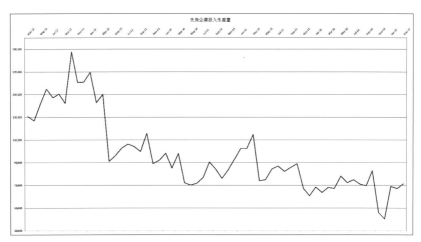

〈図表 6-11〉　APJ 参入から 2017 年 3 月までの先発企業の投入生産量
出典:「航空輸送統計年鑑」および「国土交通省プレスリリース」より著者作成

〈図表 6 - 12〉　2011 年から 2018 年までの大阪・札幌線の空港別座席供給数（往復）

年	伊丹空港	関西空港	神戸空港	合計	備考
2011	755,408	1,594,047	666,862	3,016,317	
2012	636,386	2,230,113	717,233	3,583,732	APJ 参入
2013	663,662	2,017,589	584,936	3,266,187	ペリメーター規制段階的緩和
2014	970,673	1,657,176	561,862	3,189,711	
2015	1,351,481	1,682,398	569,416	3,603,295	
2016	1,478,762	1,461,825	700,979	3,641,566	ペリメーター規制完全撤廃
2017	1,509,547	1,560,548	713,228	3,783,323	
2018	1,493,133	1,402,957	709,871	3,605,961	

出典：「航空輸送統計年鑑」および「国土交通省プレスリリース」より著者作成

6－5.　まとめ

　本章では非対称競争下での先発企業の参入阻止行動をモデル化することで先発企業が参入阻止行動発動の意思決定や破滅的な価格を含めた更に積極的な参入阻止行動発動の意思決定に関わる要素を明らかにした。

　先発企業が参入阻止行動を発動する重要な要素の一つは後発企業の参入価格（Pe）であり、比較的高価格の場合には先発企業にとっては参入阻止行動を発動することが合理的である場合が多い。また、もう一つの要素である後発企業の投入生産量（Ce）が大きい場合にも先発企業の参入阻止行動を誘発するリスクが高い。そのため、一般的に先発企業の参入阻止を招くとされている極めて低価格での参入は非対称競争市場においてはむしろ先発企業の参入阻止行動を躊躇させる要因となる。また、一般的に有利とされるドミナント戦略も非対称競争下の後発企業の戦略としては先発企業の参入阻止を誘発することになり、むしろ不利に働く場合が多い。

　非対称競争下では先発企業は破滅的価格を含めた積極的な参入阻止行動によって後発企業を市場から排除するという行動に出ることもある。製造業など原価と生産量が比例する商品では不当廉売の基準は比較的明確であるが、航空産業のような在庫ができないサービスでは限界利益が極めて低水準とな

るため、不当廉売と在庫処分の境目は極めて曖昧となる。そのため、今回扱った SNA のケースのように先発企業が低価格を設定することにより後発企業の価格に上限をつける（非対称競争では後発企業が先発企業よりも高価格で販売することは不可能）ことで事業の採算性を悪化させて撤退に追い込むということも可能である。

また、航空業界では発着枠が重要な生産財であるため、先発企業にとっては参入阻止行動によって後発企業を市場から完全に排除するのではなく、M&A などによって支配下に置くことが合理的な選択となる。本研究で扱った ADO や SNA などが実質上経営破綻した時には先発企業の 1 社であった ANA が主要株主となることで救済した。ANA にとっては救済した航空会社とコードシェアを行って座席をブロックすることで、後発企業の戦略に対して一定度のコントロールを持つことができる。また、新規参入を発生させないためにも発着枠を自身のコントロール下にある企業に占有させることは戦略的利益に合うからである。

本章では先発企業の行動をモデル化しているが、後発企業はその先発企業の行動モデルから自社の戦略を考えることも可能である。価格攻勢を受けないためには、サービスを削るなどコストを落として先発企業が追随できないレベルの低価格で参入するなどの競争を回避する手段もある。また、もう一つの戦略としては、自社の存在を先発企業にとってむしろ有利になるものとすることである。航空業界の例で言えば、先発企業とコードシェアを行い座席の一部を先発企業に供給することなどがある。そうすることで先発企業にとっては後発企業の存在が自社商品の利便性向上につながるため、後発企業を排除することが合理的でなくなる。例えば、アイベックス航空などは先発企業のコードシェア便として座席を提供することで先発企業との共存を図っている。このように、非対称競争下においては通常の競争戦略が機能せず、むしろ、通常はあまり得策とはいえない競争戦略が後発企業の生存性を高めることになるのである。

第 7 章

LCC ビジネスモデルの今後の展開（中長距離路線への挑戦）

第7章：LCCビジネスモデルの今後の展開（中長距離路線への挑戦）

　カーター政権の航空規制緩和によって米国で産まれたLCC（低価格航空会社）は、欧州においては短距離路線市場の約3割を占めるに至っている。一方で、中長距離路線においては1980年代にレイカー航空やピープルエクスプレス航空の試みが失敗に終わってから2000年代後半まで特に大きな動きはなかった。2000年代後半にジェットスターが豪州・アジア路線に中長距離サービスを開始したのを皮切りに北大西洋路線を中心に中長距離路線にもLCCが進出しつつあるが、採算性には疑問符がついている。そのような状況下で2020年には本邦でもJALが中長距離LCCであるZIPAIR Tokyoを設立し中長距離路線への進出を果たしている。従来のLCCのビジネスモデルは米国サウスウエスト航空によって作られた「サウスウエストモデル」と言われるもので、世界中のほとんどのLCCがこのモデルを基本的には踏襲している。サウスウエストモデルは「小型機単一機材・短距離路線・低価格片道運賃・モノクラス・ノーフリルサービス」などに代表される航空会社のビジネスモデルで「短距離を経済的に短時間で移動する」という需要に特化した集中戦略である。しかし、中長距離路線にこのビジネスモデルをそのまま適用することは不可能である。本章では、現在就航している中長距離LCCのビジネスモデルを分析することにより、中長距離LCCが採算性のある事業として成立する条件を導き出し、将来の本邦を拠点にした中長距離LCCの発展性を検証する。

7-1.　はじめに

　前述の通り、現在、中長距離LCCは主に北大西洋路線、豪州・東南アジア路線に就航しているが、太平洋横断路線やアジア・欧州路線に持続的に就航している例はほとんどない。また、コロナ禍以前の状況においても豪州・東南アジア路線を除いては中長距離路線単独では持続的に採算ベースに乗っているとは言いがたく、短距離路線の収益を原資に路線を継続しているのが現実である。

　本章では中長距離LCCのビジネスモデルを分析することにより、中長距

離 LCC が持続的に事業を継続するための条件を探り、日本の ZIPAIR Tokyo を例に本邦での中長距離 LCC の持続性を検証することを目的とする。

　本章は第 2 節で中長距離 LCC の歴史をまとめ、第 3 節では中長距離 LCC のビジネスモデルについての先行研究をまとめることで、中長距離 LCC のビジネスモデルを要素ごとに分析し、短距離 LCC や FSC（Full Service Carrier：既存航空会社）のビジネスモデルとの違いや問題点を抽出する。第 4 節では第 3 節での議論をもとに中長距離 LCC が成立する条件を検証する。2020 年には日本でも JAL グループが ZIPAIR Tokyo を設立し、日本における中長距離 LCC の先駆けとなったが、第 5 節では第 4 節での検証結果をもとに ZIPAIR Tokyo を例に黎明期にある日本の中長距離 LCC が持続的に事業を継続するための条件を探る。

　なお、中長距離 LCC には明確な定義がなく、短距離 LCC に対する相対的な概念として定義されているに過ぎない（丹治 2019, p.22）。サウスウエストモデルに倣った短距離 LCC の最大路線距離が一般的に運航乗務員が往復乗務可能な限界距離である飛行時間 4 時間（距離にして 1500 浬程度）であることから、それ以上の距離に就航する LCC を中長距離 LCC とする。

7－2. 中長距離 LCC の歴史

　中長距離路線への LCC の本格的な参入は 2006 年のカンタス航空子会社のジェットスターであるとされている（丹治 2019, p.23）。しかし、北大西洋路線では 1977 年にチャーター航空会社であったレイカー航空がロンドン（ガトウィック）・ニューヨーク（ニューアーク）間の定期路線にノーフリルサービスで就航している。レイカー航空は翌年にはロサンゼルスにもその定期路線を拡大した。レイカー航空は 2 点間往復運航、機内食などの有償化、マクダネルダグラス DC 10 型機に 345 席というモノクラス・高密度の座席配置など典型的な現在の LCC と同様のビジネスモデルを取り入れていた（Morrell 2008, p.61）。レイカー航空は若年者層を中心とした市場の支持を受けたが、第 2 次オイルショックによる燃油価格の高騰、使用していたマクダネルダグラス DC10 型機の運航停止による影響や 1980 年代前半の景気後退の影響を受けて経営状態が悪化した。最終的には英国ポンドの下落による米ドル建債

務の増加や競合する FSC からの採算を度外視した価格攻勢により 1982 年に経営破綻することとなった（Morrell 2008, p.61）。レイカー航空の試みは大西洋の対岸で 1981 年に設立されたピープルエクスプレスによって再現されることとなる。同社はレイカー航空破綻後にニューヨーク（ニューアーク）・ロンドン（ガトウィック）間の定期路線に Boeing747 型機で参入した。便ごとの均一運賃の採用（事前購入割引の廃止）、機内サービスの有償化や受託手荷物の有償化の導入などシンプルなオペレーションによるコスト削減を目指した一方で、プレミアムクラスの導入などの LCC としては斬新なサービスも導入した（Morrell 2008, p.61）。しかし、ピープルエクスプレスも無理な路線拡大や FSC による採算を度外視した価格攻勢により 1987 年に経営破綻した。

　一方、英国においてリチャード・ブロンソン卿によって設立されたバージンアトランティック航空は 1984 年に Boeing747 型機でニューヨーク（ニューアーク）・ロンドン（ガトウィック）間の定期路線に参入するが、同社はその後さまざまな機内サービスを積極的に導入し、LCC としてではなく FSC としての発展を遂げることとなる。このように 1980 年代前半に北大西洋路線で起こった中長距離 LCC の試みは失敗、または、FSC への転換という結果になり、2013 年にノルウェーエアシャトル航空による Boeing787 型機での定期路線の就航まで本格的な LCC の参入はなかった（De Poret et al. 2015, p.272）。

　アジア市場に目を移すと、2006 年には香港オアシス航空が香港・ロンドン（ガトウィック）路線に Boeing747－400 型機で就航したが、2008 年には景気後退や燃油価格の高騰の煽りを受けて経営破綻している（Randal & Gui 2015, p.161）。2006 年にはカンタス航空の子会社であるジェットスターが AirbusA330－200 型機で豪州・アジア間の路線に就航し、2007 年には関西国際空港にも就航した。同年にはエアアジアグループの中長距離 LCC であるエアアジア X がゴールドコースト・クアラルンプール間に AirbusA330－300 型機で就航し、2009 年には A340－300 型機でロンドン（スタンステッド）・クアラルンプール間にも就航した（Whyte & Lohmann 2015, p.161）。

　2010 年代に入ると中長距離 LCC 市場にも本格的に新規参入が相次ぐようになる。2011 年にはシンガポール航空が LCC 部門であるスクートを設立

し、2012 年に Boeing777-200 型機でシドニー・シンガポール路線に就航した。また、北大西洋路線では多くの LCC が相次いで就航した。2013 年には短距離 LCC であったノルウェーエアシャトル航空が前述の通り Boeing787 型機で中長距離 LCC 事業に参入した。同年にはエアカナダの子会社であるエアカナダルージュが北大西洋路線に進出し、翌年にはカナダの短距離 LCC であったウエストジェット航空も北大西洋路線に進出した（丹治 2019, p.23）。2010 年代後半には北大西洋路線には更に多くの LCC が参入し、競争は苛烈化する。2015 年にはルフトハンザドイツ航空傘下の LCC であるユーロウイングがルフトハンザドイツ航空とトルコ航空のチャーター合弁会社であるサンエクスプレス社による運航で北大西洋路線に進出し、2017 年には IAG グループも LCC 子会社であるレベルを設立し北大西洋路線に進出した（丹治 2019, p.23）。エアフランス KLM もそれらに対抗して LCC 子会社であるジュンを設立して北大西洋路線に進出したが、僅か 1 年半の短命であった。また、アジア地区においても 2010 年代にはフィリピンのセブパシフィック航空、インドネシアのライオンエア、韓国の大韓航空傘下の LCC であるジンエアなど多くの短距離 LCC が中長距離路線に進出している。

7-3. 先行研究

　本節では中長距離 LCC のビジネスモデルに関する先行研究を要素ごとに整理することで、中長距離 LCC のビジネスモデルとサウスウエストモデルに倣った短距離 LCC や FSC との違いを明らかにする。

7-3-1. 中長距離路線に進出する動機

　LCC の FSC に対するコスト優位は路線距離が長くなるにつれて減少する。花岡（2015）は LCC の路線距離が 4 時間程度以内に集中する要因をノーフリルサービスに対する旅客の許容性、高密度の座席配置による快適性、ターンアラウンドタイム、コストにおける燃料費の割合増加であると述べている。つまり、サービスレベル面では、中長距離路線では旅客は機内食、機内エンターテインメントなどを省いた LCC のノーフリルサービスには耐えられず、多少価格が高くなっても FSC で快適な旅程を望むようになり、

LCC の低価格が支持されなくなる。また、4 時間を超えるような中長距離路線では快適性の効用が高まり、LCC の高密度な座席配置は市場から支持されなくなる。一方、オペレーション面でも機材の航続距離の関係から中型機を使用せざるを得ないため給油や搭降載作業の時間が増えてしまい、FSC に対する機材稼働の優位性があまり発揮できない。また、航空機の運航は路線距離にしたがって総コストに対する燃油費の割合が高くなるため、FSC に対する LCC のコスト優位性を発揮できる余地が少なくなってしまう。このように中長距離路線では LCC の強みである低コストを発揮することが困難になってしまう。このようなことから、LCC の路線距離の限界値は飛行時間で 4 時間程度（約 1500 浬）とされており、サウスウエスト航空をはじめとする多くの LCC がその原則を目安にネットワークを構築している。

　上記のような不利にもかかわらず、2010 年代以降、短距離 LCC が中長距離路線に進出し、一部には中長距離専業の LCC も登場している。松崎（2017）は、中長距離 LCC が多く登場している背景には欧州・北米地域での短距離 LCC 路線の市場の飽和と航空機材の技術革新があると述べている。欧州では短距離路線における LCC の供給座席ベースでの市場占有率が既に 30 ％を超えており、米国では 30 ％に迫る状況である（花岡 2015, p.137）。そのため、これ以上 LCC が座席供給を増やしたとしても新たな市場を開拓できる余地は極めて限定的で、そのことが 2010 年代以降 LCC が中長距離路線に進出する要因となっている。また、Boeing787 型機や AirbusA330 型機などの燃費が良く航続距離の長い中型双発機材の登場も LCC の中長距離路線進出の後ろ盾となっている。従来は中長距離路線に就航するためには燃費の悪い大型機材が必要であったが、燃費が良く航続距離の長い中型双発機材の登場によって、中型機材でも就航可能になった。また、中型機材を使用することで低需要期でも常に高い搭乗率が維持可能となり、中長距離路線に LCC が進出するハードルは低くなった。

　村上（2008）は距離の経済性の向上が、LCC が中長距離路線に進出する動機であると述べている。距離の経済性とは、航空機は離発着時に多くの燃料を消費し水平飛行時には燃料消費が少ないことから、一定限度までは距離が長くなるに従って距離あたりの燃油費が安くつくという性質のことである。

しかし、距離の経済性の向上は LCC に限ったことではなく、FSC にも同様に発生するため、路線距離が長くなれば距離あたりの運賃も低くなることが一般的である。そのため距離の経済性は LCC の FSC に対するコスト優位を作るものではない。

このように多くの航空会社が中長距離 LCC 事業に参入してきた動機は、短距離 LCC 市場の飽和、機材性能の向上、距離の経済性によって LCC の低運賃でもオペレーションコストとマーケット次第で採算が取れる可能性があることなどである。

7-3-2. 路線距離

前述のように路線距離が長くなると LCC の FSC に対するコスト優位性は低下していく。そのため、LCC は FSC に対してのサービスの劣後をカバーするだけの価格競争力を維持することが困難となり LCC の事業自体が成立しなくなってしまう。本項では中長距離 LCC 事業にとって路線距離がどのような影響を与えるかについての先行研究の議論を整理する。

Morrell（2008）は、短距離路線では LCC は FSC に対して約 50％のコスト削減を実現しているのに対して中長距離路線では約 20％のコスト削減しか実現できていないと述べている。航空機の運航コストのうち最大のコストは燃油費である。一般的に路線距離が長くなれば総コストの中の燃油費が占める割合が高くなる。後述のように燃油費については FSC と LCC 間のコスト差は発生し得ない。そのため、総コストに対する燃油費の割合が上昇すると LCC はコスト削減の余地が少なくなり、FSC に対するコスト競争力が低下してしまう。また、中長距離路線では機材稼働の面でも FSC に対する競争力を維持することが困難となる。短距離路線では飛行時間の短さから 1 日に何度も地上作業が発生し、LCC が機材稼働を上げる余地となる地上滞在時間が多く発生する。一方、中長距離路線では航空機の地上作業の発生頻度が低く、LCC が機材稼働を上げる余地となる地上滞在時間が比較的少ない。中長距離路線においては FSC でも 1 日当たり 15 時間の機材稼働時間を達成している場合がほとんどであるため、さらなる機材稼働向上の余地は極めて限られている（Morrell 2008, p.63）。

Soyk et al.（2017）は Morrell（2008）の議論を財務的視点から ASK（Available Seat Kilometer）の概念を用いて路線距離・座席数・運航総費用の関係を明らかにし、総運航費用は路線距離に比例して増加するが ASK あたりの運航費用は路線距離や座席数に比例して減少すると述べている。路線距離が長くなれば航空機やクルーの滞空時間が増加して、機材稼働やクルー稼働が良くなることと離発着料や地上ハンドリング料などの距離に関係なくかかる費用が路線距離に分散されるためである。また、中長距離路線では航空機性能的に小型機材での運航ができず、座席数の多い中・大型機材を使用する必要があるため、ASK あたりの運航費用は低下する傾向にある（機材選択に関して詳細は後述）。LCC にとっては ASK あたりの運航費用の低下はコスト削減余地が小さくなることを意味する。そのため、LCC は路線距離が長くなるほど FSC に対してコスト面で優位になることが難しくなっていく。

丹治（2019）は現在の環境下での中長距離 LCC の路線距離の採算限界点を飛行時間で 6 時間（約 2000 浬弱）程度であると述べている。そのためにほとんどの中長距離 LCC は飛行時間が 10 時間を超えるような路線に就航することにあまり積極的ではなく、多くの中長距離 LCC はこのような長距離路線から撤退する傾向にある。

このように路線距離は LCC の FSC に対するコスト競争力を弱めていく。コスト競争力の低下は価格競争の原資の減少にもつながるため FSC との価格差を縮めざるを得なくなってしまう。一方で FSC の提供するフリルや快適性は路線距離に応じて効用が増すために、中長距離路線では LCC の競争は短距離路線よりも苛酷なものとなる。

7-3-3. 就航空港

LCC にとって就航空港の選択は非常に重要である。短距離 LCC では就航都市に複数の空港がある場合にはプライマリー空港を避けてセカンダリー空港に就航するケースがよくみられる（重谷 2018, p.59）。セカンダリー空港に就航する直接的なメリットは発着料が安いこととスロットの取得が容易なことである（Shaw 2011, p.105）。また、間接的なメリットとしては就航率や定時性の向上が期待できることである（重谷 2018, p.59）。

Francis et al.（2007）は設備の充実度の観点からセカンダリー空港への就航は中長距離 LCC にとって必ずしも有利になるとは限らないと述べている。短距離路線に使用するナローボディー機の場合には空港の設備要件はあまり重要な問題とならないが、中長距離路線に使用するワイドボディー機材では空港の設備要件が効率的なオペレーションに支障をきたす可能性もありえる。例えば、パッセンジャーボーディングブリッジのない空港でワイドボディー機材を就航させた場合には、ターンアラウンドタイムの増加を覚悟する必要がある。また、滑走路長が短い場合にはワイドボディー機材がそもそも就航できない、あるいは、就航できたとしても本来の機材性能通りのACL（Available Cabin Load：搭載可能重量）が出せなくなり、使用可能座席数や搭載貨物重量に制限をかけることにもなりかねない。

Whyte and Lohmann（2015）は接続旅客を取り込む必要性から中長距離 LCC はプライマリー空港に就航することが有利になると述べている。しかし、中長距離 LCC を利用する接続旅客は主に LCC 間の乗り継ぎを行うため（De Poret 2015, p.273）、セカンダリー空港に LCC が集まっている場合やセカンダリー空港が自社の拠点空港である場合にはこの限りではない（接続旅客については後述）。

このように中長距離 LCC ではセカンダリー空港への就航が必ずしもメリットが大きいとは限らず、状況によってはプライマリー空港に就航することが適切である場合もある。ロンドンにおけるガドウィック空港のような市内からのアクセスも LCC 就航便数も設備要件も十分な空港があれば明らかにセカンダリー空港への就航が有利となるが、セカンダリー空港の設備が貧弱な場合や就航便数が少ない場合にはプライマリー空港への就航を選択せざるを得ないケースも存在する。

7－3－4. 接続旅客

短距離 LCC の典型的なビジネスモデルであるサウスウエストモデルでは出発地と到着地の 2 地点間を直行便で移動する旅客を主に集客し、自社の他の便から接続してくる旅客や他社からの乗り継ぎ旅客を積極的に集客することはしない。もし、実際に LCC の旅客が接続便を利用していたとしても旅

客が自己責任で接続便を利用しているのであって、ミスコネクションが発生した場合の便の振替、受託手荷物の通し受託、通し割引運賃などの便宜を提供しないことが一般的である。しかし、実際にはサウスウエスト航空の利用者のうち約 22 ％の旅客が自己責任で他の航空会社との乗り継ぎを行っており、2005 年からサウスウエスト航空も自社ネットワークがないハワイ路線などに接続する旅客に対して極めて限定的な他社との接続サービスを提供するようになっている（Morrell 2008, p.66）。

Morrell（2008）は、高い搭乗率を維持するために中長距離 LCC は接続旅客の取り込みを行うことが重要であると述べている。中長距離路線に使用されるボーング 787 型機や Airbus330 型機などの中型機は LCC 仕様では 300 席程度の座席数があり、その座席を常に高搭乗率で維持するためには接続旅客の取り込みが不可欠である。例えば、2005 年の英国主要空港発の中長距離国際線旅客の接続便利用率は約 54 ％であり、接続旅客の取り込みを行わない場合にはマーケットの約半分を失ってしまう（Morrell 2008, p.66）。中長距離路線では一般的に旅客の手荷物は短距離路線よりも大きく、機内持ち込みが困難である。また、ミスコネクションとなった時の航空券代が中距離路線よりも高額となるため、自己責任での乗り継ぎは市場に受け入れられにくい。

De Poret et al.（2015）は、中長距離 LCC が接続旅客を集客の対象としないのであれば 2 地点間輸送で十分に集客が見込める路線に就航することが必須であるが、その場合には既存 FSC からの価格攻勢を覚悟する必要があると述べている。既存航空会社が他路線の利益を原資に新規参入航空会社に対して価格攻勢をかけることは対短距離 LCC でも多くの実例があるが、中長距離路線においても同様のことが行われる。実際、1980 年代に北大西洋路線に進出したレイカー航空、ピープルエクスプレスやバージンアトランティック航空なども既存航空会社の価格攻勢を受けている（De Poret et al. 2015, p.272）。中長距離路線に限っていえば、地理的に接続便サービスを提供できるハブ空港を持つ FSC（例えば、ロンドン・東京路線の大韓航空など）からの価格攻勢も無視することはできない。そのような FSC が直行便需要で埋めることができなかった空席を限界利益レベルの低価格で市場に供給

し、LCC の主なターゲットである価格弾力性の高い旅客層を取り込んでいくからである。

　Gillen and Gados（2008）はイールドマネジメントシステムを導入している FSC が低需要期に余剰となった座席を極めて低価格で販売することで LCC の旅客を奪い取ると述べている。FSC は運航の安定性も重要な商品力と考えているため、ビジネス路線を中心に高需要期の利益を原資として低需要期にも減便を行わずに運航を継続している場合が多い。実際、低需要期に余剰となった座席を LCC よりも低価格で市場に出すことも時折見られる。これは中長距離 LCC に限ったことではなく短距離 LCC にも言えることであるが、顧客層には非対称性があり価格弾力性の高い顧客層が高価格商品の低価格化に惹きつけられる比率は非常に高い（Robert & Hermann 1996, p.87）。一般的に FSC が余剰座席の低価格販売を行うのは特定区間だけである場合が多いため、同一区間を運航する LCC は大きな影響を受ける。

　このように中長距離 LCC については接続旅客を取り込まざるを得ないという議論が多いが、接続旅客比率の増加はハンドリング効率を低下させて LCC の FSC に対する競争力を低下させる。しかし、中長距離では総コストに対する接続ハンドリングのコストの割合は小さいものとなるため、短距離 LCC ほどの大きな問題にはならない。そのため、極力、接続旅客の取り込みは避けるべきであるが、ある程度は取り込まざるを得ないのが実際の状況となる。また、集客のためのフィーダー路線[1] については、中長距離 LCC が短距離 LCC の一部門である場合には、少なくとも旗国側での接続旅客の取り込みに短距離 LCC のネットワークを活用することが可能である。

7-3-5. 使用機材

　中長距離 LCC にとってのみならず全ての航空会社にとって機材の選択は経営戦略の非常に重要な要素である。使用機材の選択によって就航可能な路線が決定され、コスト構造にも非常に大きな影響を及ぼす。本項では中長距

1）中長距離路線を利用する旅客を周辺の空港から輸送するための短距離路線のこと。例えば、仙台→羽田→ロンドンという旅程の場合には仙台→羽田区間がフィーダー路線となる。

離 LCC の機材選択に関わる先行研究を整理する。

中長距離路線にノンストップで就航するためには一般的にワイドボディー機材を使用することになる。Boeing757 型機の生産が終了した現在、後述する AirbusA321neoLR 型機や Boeing737MAX 型機を除いてはナローボディー機材で中長距離 LCC に使用可能な機材は存在しない。現行のナローボディー機材もカタログスペック上は中長距離路線に使用可能な航続距離（例：Boeing737‑800 型機の最大航続距離は 3000 浬）があるが、実運用上では ACL[2] が十分に確保できず使用可能な座席数が大幅に制限される。そのため、航続距離を最大に使用することはできない。現行のナローボディー機材の実運用上の最大航続距離は 2000 浬弱であり、飛行時間にしておおよそ 5 時間弱である。

Morrell（2008）は ASK[3] あたりの運航コストを低くするための機材の選択肢として、Boeing787 型機や AirbusA330 型機のような燃料効率の良い中型機材で燃料費を抑える選択肢と AirbusA380 型機のような超大型機をモノクラスの高密度座席配置で利用する選択肢を提示し、後者の選択肢を採用するためには就航都市に相当な旅客需要が必要であり現実的ではないと述べている。中長距離路線の航空需要は短距離路線に比べて小さく、恒常的に大型機の座席を埋めるためには多くの接続旅客を取り込むことが必要になる。モノクラスで運用した場合に約 760 席の生産量となる AirbusA380 型機を採算ベースに乗せるためには年間 500,000 人の市場規模が必要となり、直行便需要を中心に集客する LCC では現実的ではない（Morrell 2008, p.67）。また、接続旅客割合の増加は地上ハンドリングコストの増加とイールドの低下をもたらすために LCC としてはあまり得策ではない。このため、現在では中長距離 LCC にとって機材選択は Boeing787 型機と AirbusA330 型機の 2 択（派生型機材を含む）となっている。

航空機の性能向上が中長距離 LCC の機材選択を変える可能性も出てきている。実用航続距離が 4000 浬弱に及ぶ AirbusA321neoLR 型機の登場によっ

2）Available Cabin Load（搭載許容重量）
3）Available Seat Kilometer（有効座キロ）

てナローボディー機材でのノンストップ大西洋横断が可能になり、中長距離LCCでのナローボディー機材の使用が現実味を帯びつつある。Renehan & Efthymiou（2020）は同機材の投入により中長距離LCCが更に小規模な市場規模の路線へ進出することが可能になると述べている。Boeing787型機やAirbusA330型機のような中型機材の一般的な座席数は300席前後となるがナローボディー機では200席前後となるため小さな規模の市場でも高搭乗率を維持可能であるためである。また、AirbusA321neoLR型機は短距離LCCで最もよく採用されているAirbusA320と共通部品が多く、運航乗務員の資格も共通となっている。そのため、短距離LCCを併営する航空会社にとってはコスト削減効果も期待できる。しかし、ナローボディー機材の導入によって貨物収入はほとんど期待することができなくなる。Boeing787型機を運航した場合には往復で約15トン強の貨物を搭載可能で、30000ドル強の貨物収入を期待できる（De Poret et al. 2015, p.280）。このため、ナローボディー機材の導入は貨物収入と運航コストのトレードオフとなる。

　また、Boeing737MAX型機もほぼ同様の実用航続距離を持ち中長距離LCCの機材として期待されているが、2018年と2019年に発生した墜落事故のために運航停止措置が取られていたこともあり、使用している中長距離LCCは2022年8月現在でも存在しない。

7－3－6．燃油価格

　一般的に航空会社の運航コストに占める燃油コストの割合はおおよそ30％から50％と言われており、コストの中で最大のものである。また、その割合は路線距離に応じて大きくなるため、中長距離路線では非常に重要なコストとなる。また、燃油は相場商品であるため、一部の産油国の国営航空会社を除けば、基本的に航空会社間の燃油の調達コストの差は発生しない。そのために、総コストに占める燃油費比率の高い中長距離路線ではLCCがFSCに対してコスト優位を発揮する余地が少なくなる。一方で、北大西洋路線に就航している中長距離LCCの燃料効率はFSCに対して9％から22％の優位がある（Kwan & Rutherford 2015, p.17）が、これはLCCの機材がFSCの機材よりも機齢が低いためである。つまり、燃油費のコストダウン

は減価償却費とのトレードオフであり持続的な優位とはなり得ない。また、2018年にはノルウェーエアシャトル航空の燃油調達価格が劇的に上昇しているが、これは燃油先物市場での失策のためである（Manuel et al. 2019, p.183）。

Manuel et al.（2019）は2010年から2017年のノルウェーエアシャトル航空の燃油費、燃油費を除いたASKあたりの運航コストと利益との相関関係から、中長距離LCCは燃油費が高騰した場合には持続不可能なビジネスモデルであると述べている。中長距離LCCは燃油費を除いた運航コストを既に改善余地がないところまで削減しているため、燃油費の高騰をカバーする余地が残っていないためである。

De Poret et al.（2015）は2012年の平均的燃油価格（130USD/Barrel）をもとにしたBoeing787型機での北大西洋路線（ロンドン・ロサンゼルス路線）に就航するLCCの運航コストを算出し、中長距離LCCの運航コストが燃油相場に大きく依存していることを指摘している。そのため、燃油相場の高騰に対してのリスクヘッジが中長距離LCCの経営の安定には非常に重要である。

このように中長距離LCCにとっては燃油価格が低水準で安定していることが経営上非常に重要である。実際にレイカー航空、ピープルエクスプレス航空や香港オアシス航空などの過去の中長距離LCC事業への試みの失敗は燃油価格の高騰が大きな要因となっている（Morrell 2008, p.62）。また、ノルウェーエアシャトル航空が中長距離路線に進出したのは2013年であったが、燃油価格が高騰していた2014年は赤字決算となった。しかし、燃油価格が落ち着いた2015年から黒字基調に回復し、2016年には過去最高益を計上している（Renold et al. 2019, p.182）。この変動は燃油相場とほぼ相関しており、燃油価格が中長距離LCCの採算性に強い影響を与えることの証左とも言える。なお、ノルウェーエアシャトル社の2017年から2019年までの間の決算は赤字となっている。これは燃油先物市場での失敗、主要機材であるBoeing787型機のエンジン不具合（ロールスロイス社製トレント1000型エンジンの中圧タービンブレードの強度不具合）による運航停止やガトウィック空港の暫定的閉鎖などの影響によるものである（Renold et al. 2019, p.182）。

7−3−7. 上級クラスの導入

短距離 LCC の大半がモノクラスであることに対して多くの中長距離 LCC は上級クラスを設定している。上級クラスの設定は一部の座席の収入を上げる効果があるが、一方で便あたりの座席数を減らすことになり座席密度の低下につながり、採算性を低下させる要因にもなる。

Soyk et al.（2017）は北大西洋路線に就航する中長距離 LCC の 2015 年の財務データの分析から、LCC の FSC に対する 33％のコスト優位の約 3 割は高座席密度によるものだと述べている。FSC の客室面積 1m² あたりの座席数が 0.95 席であるのに対して、LCC は 1.19 席の座席を配置しており、平均的に便あたりの座席数が 25％増加していることになる。大半の FSC はエコノミークラスのシートピッチを 31 インチに設定しており、このシートピッチは中長距離 LCC のエコノミークラスのシートピッチとほぼ同じである（Morrell 2008, p.64）。そのため、この座席密度の差は上級クラスの座席数及びシートピッチに起因するものである。

Soyk et al.（2018）は REB（revenue/economy class seat/block hour）という便収入の評価基準を提唱し、その評価基準において高需要路線の中距離区間においては中長距離 LCC の便収入評価は FSC に十分対抗できていると述べている。REB は「平均運賃×搭乗率×座席密度 / 飛行時間」で計算され（Soyk et al. 2018, p.50）、座席密度は 1m² あたりの座席数である。座席密度は上級クラスの座席数が増加すると低くなるが、平均運賃は上級クラスの旅客数が増加すると上昇する。そのため、常に満席となる程度の座席数の上級クラスを設定することが中長距離 LCC にとっては重要である。

ノーフリルサービスによる低コストを武器に価格弾力性の高い顧客を取り込んできた LCC が上級クラスを導入しフリルサービスを行うことで FSC とのサービスが同質化してしまえば、競争の激化により運賃が低下し各航空会社の利潤は減少するとの見方も存在する（村上 2008, p.87）。しかし、FSC の上級クラスを利用するような旅客の大半は FFP（Frequent Flyer Program：マイレージ制度）の恩恵を強く受けている出張利用が主体の旅客で、FFP が存在しないかあるいは存在してもメリットの小さい中長距離 LCC の上級クラスを利用するケースは極めて限定的である。そのため、中長距離 LCC の上級

クラスを利用する旅客の大半は FSC の上級クラスを頻繁に利用するような旅客ではなく、いつも LCC を利用している旅客や FSC のエコノミークラスを低価格のブッキングクラスで利用しているような旅客が少し贅沢をしたい場合などに利用していることが多いと推測されるため、FSC にとって価格攻勢をかけるほどの競合と認識される可能性は低い（重谷 2019, p.415）。

7-3-8. 先行研究レビューのまとめ

本節では中長距離 LCC のビジネスモデルに関する先行研究を要素ごとに検証してきたが、FSC、短距離 LCC、中長距離 LCC の要素ごとの戦略の違いは〈図表 7-1〉のようになった。

路線距離については距離が長くなるにしたがって機材効率、クルー効率、地上ハンドリング効率などにおいて FSC とのコスト競争力の差が小さくなり、低価格戦略を行うための原資が減少する。そのため、FSC とのコスト差を十分に発揮できる程度の路線距離の路線構成とすることが中長距離 LCC のビジネスモデル成立の条件となる。就航空港についてはセカンダリー空港に就航することがハンドリングコストや定時性などの面では有利になる。しかし、後述する接続旅客の取り込みのための接続便の充実度や空港の設備要件などの要件をセカンダリー空港が備えていることが前提で、就航地によってはプライマリー空港の一択になるケースも多い。接続旅客の取り込みについては中長距離路線では短距離路線のように直行便需要の強い路線は稀で接続旅客を積極的に取り込む必要が出てくる。勿論、就航路線に十分な直行便需要がある場合にはこの限りではないが、そのような路線は通常 FSC との熾烈な競争が発生する。このようなことから、接続旅客をある程度積極的に取り込んで満席にすることが必要である。使用機材の選択においては技術の発展によって中型機材を長距離路線に投入することが可能になったが、大半のナローボディー機材は現行の技術では長距離路線への投入は難しい。そのため、単一機材運航を実現するためには実質上は Boeing787 型機と AirbusA330 型機の 2 択（派生型機材を含む）となる。燃油については中長距離 LCC は FSC や短距離 LCC に比べて総運航コストに対しての燃油費が占める割合が大きいため、燃油価格の影響を非常に受けやすいコスト構造であ

第 7 章　LCC ビジネスモデルの今後の展開（中長距離路線への挑戦）　　151

〈図表 7 - 1〉　要素ごとの FSC・短距離 LCC・長距離 LCC の違い

要素	FSC	短距離 LCC	中長距離 LCC	先行研究での中長距離 LCC の成立要件
路線距離によるコスト競争力への影響	短距離路線を中心に機材稼働やクルー稼働には改善余地があるがサービスレベルの一貫性や労使関係などにより稼働向上は困難	短距離路線しか運航していないため、ターンアラウンドタイムの削減による機材・クルー稼働の改善余地を活かすことができる。	中長距離路線ではもともと機材・クルー稼働が高いため改善余地が限定的	FSC に対するコスト競争力を維持できる程度の路線距離
就航空港	プライマリー空港が第一選択となる。	セカンダリー空港が第一選択となる。	プライマリー空港に就航せざるをえない場合が多い。	十分な設備や接続便数がある場合のみセカンダリー空港が使用可能
接続旅客の取り込み	積極的に取り込んでネットワーク全体の売上最大化を目指す。	ハンドリング効率を優先し、積極的には取り込まない。	路線に十分な市場規模がない限り、積極的にならざるをえない。	路線に相当規模の市場規模がない限り積極的な取り込みが必要。十分な市場規模のある路線では FSC との競争が熾烈となる。
使用機材選択	路線距離や市場規模に合わせたさまざまな機材	小型機単一機材（Boeing737 型機・AirbusA320 型機）	中型機単一機材（Boeing787 型機・AirbusA330 型機）	単一機材運航するには実質上 Boeing787 型機・AirbusA330 型機の 2 択
燃油価格	さまざまな距離の路線の組み合わせで燃油価格の高騰を吸収できる。	総運航費用に占める燃油費の割合が相対的に低く、影響は限定的。	総運航費用に占める燃油費の割合が相対的に高く、影響は甚大。	総運航コストに占める燃油費の割合を落とすために中距離路線中心の路線構成とし、燃油高騰時のリスクヘッジができていること。
上級クラス	ブランド価値として十分な座席数を確保する必要あり。	モノクラス	座席密度は FSC とのコスト競争力の約 3 割を占める。	常に満席となる程度の座席数で設定する。

ると言える。さらに、総コストに対する燃油費の割合が高くなる長距離路線
では燃油費の高騰の影響を受けやすく、採算性は非常に不安定になる。その
ため、燃油費の割合が相対的に低い中距離路線を中心とした路線構成とする
ことや燃油高騰時のリスクヘッジなどが安定した事業運営には不可欠とな

る。上級クラスについては FSC がブランド価値を維持する上で十分な上級クラスの座席数を一定数確保する必要があるのに対して、中長距離 LCC では追加収入の確保が主な目的である。中長距離 LCC の FSC に対するコスト優位性の約 3 割が座席密度に由来している（Soyk et al. 2017, p.229）ことから、常に満席にできる程度の上級クラス席とすることが肝要となる。

　以上のことから、先行研究では中距離路線を中心とした路線構成で、接続旅客も積極的に取り込み、中型機単一機材（現行では Boeing787 型機とAirbusA330 型機とそれらの派生機種の 2 択）を採用することが中長距離 LCC の成立要件となる。次節ではこの議論をもとに各地域に実在する路線を分析し、更なる中長距離 LCC の成立要件を検証する。

7-4. 中長距離 LCC の成立条件

　ドガニス他（2015）は中長距離 LCC 事業が持続的に採算性を確保することは難しいであろうと予測した。LCC は事業の性質上 FSC に対して圧倒的に低い ASK あたりのコストを実現する必要があるが、中長距離ではそれが困難だからだ。しかし、実際には豪州・東南アジア路線では中長距離 LCC が安定的なシェアを維持し、北大西洋路線には多くの中長距離 LCC が参入し競争を繰り広げている。また、東南アジア・北東アジア路線にも中長距離 LCC が参入している。一方で、欧州・アジア路線に参入した中長距離 LCC は全て撤退または運航停止し、太平洋路線に参入する LCC はいまだに存在しない。本節では前節での議論をもとに実在する各路線の状況を分析し、地理的・市場的要因から中長距離 LCC が成立する条件を探る。

7-4-1. 豪州・東南アジア路線

　豪州・東南アジア路線の平均的な飛行時間は 8 時間弱、距離にして 4000 浬程度である。現在、豪州・東南アジア路線は中長距離 LCC の最大の市場である。2006 年にカンタス航空の LCC 子会社であるジェットスターが就航したのを皮切りに 2007 年にはエアアジア X がゴールドコースト・クアラルンプール線に就航し、2009 年には世界の中長距離 LCC の約半分が豪州発着であった（丹治 2019, p.26）。その後、2012 年にはスクートがシンガポール・

シドニー路線やシンガポール・ゴールドコースト路線に参入している。直近5年間の当該路線の中長距離 LCC のシェアはおよそ 10 ％前後で推移しており、安定期に入っているものと思われる（丹治 2019, p.26）。

　豪州・東南アジア路線の中長距離 LCC 市場の特徴としてはジェットスター、スクート、エアアジア X の市場でのプレゼンスが非常に大きく、競争構造が非常にシンプルであることである。また、FSC に関してもジェットスター航空の親会社であるカンタス航空、スクートの親会社であるシンガポール航空のプレゼンスが大きく、その他の航空会社の投入生産量はあまり大きくない。そのため市場全体で見れば、カンタス航空グループ（カンタス航空・ジェットスター）、シンガポール航空グループ（シンガポール航空・スクート）とエアアジア X の 3 社が競う非常にシンプルな競争構造となっている。カンタス航空やシンガポール航空は自社の子会社である LCC とはターゲットとする顧客層を明確に分けているため、市場で FSC と LCC 間の競合は発生していない（Gillen & Gados 2008, p.34）。企業間の競争は競合企業に対する熟知（familiarity）によって緩和され、競争の構造のシンプルさは競合企業に対する熟知を容易にし、競合間の自制（forbearance）を促し、競争を緩和する（Baum & Korn 1999, p.251）。そのため、この市場では企業間の競争が過熱化せず比較的安定した市場となっている。この路線は距離が 4000 浬程度あるにもかかわらず、直近の 5 年間は各社とも安定的に路線を維持していることから、路線を継続するに十分な利益を計上していることが推測できる（丹治 2019, p.26）。

7－4－2. 北大西洋路線

　北大西洋路線の平均的な飛行時間は約 7 時間弱、距離にして 3500 浬弱である。北大西洋路線はレイカー航空やピープルエクスプレス航空などが参入した中長距離 LCC の発祥の路線であったが、両者の破綻後はノルウェーエアシャトル航空が 2013 年に市場に参入するまでは LCC の参入はなかった。しかし、2013 年以降は徐々に中長距離 LCC の投入生産量シェアが伸び 2019年には約 10 ％のシェアを持つに至っている（丹治 2019, p.26）。2022 年 3 月現在、この路線に就航する中長距離 LCC はノルウェーエアシャトル航空、

ユーロウイング航空、ウエストジェットとレベルの4社で、AirbusA330－200型機またはBoeing787型機を使用している。

　この路線の特徴としては競争構造の複雑さがあげられる。北大西洋路線に就航している定期航空会社のうち月間10便以下の運航頻度、以遠権（Beyond Rights）[4] の行使による運航、全席ビジネスクラス設定のラ・コンパニー航空のような特殊な航空会社を除いても37社がこの路線に就航している（Soyk et al. 2017, pp.225－226）。このように競争構造が複雑であるため競合間に自制が促進されず、競争が熾烈となる傾向がある。

　また、地理的な特徴としては欧州側・米国側ともに市場となる都市が多くあるためハブアンドスポーク方式のネットワークの有効性が高いことである。中長距離LCC各社は旗国側では短距離路線を持っているが、海外側の短距離ネットワークを持たないことがFSCのサービスに劣後している。また、この路線にはFSCとLCCの中間的なビジネスモデルを持つエアリンガスも就航しており、CBPプリクリアランス[5] の設備を持つダブリン空港及びシャノン空港をハブ空港としていることを活かして直航便に遜色のないサービスを提供している。同社は欧州側には小型機を使用した自社のネットワークを持ち、米国側はジェットブルーやユナイテッド航空との提携によってオフライン空港への旅客輸送を行っている（Renehan & Efthymiou 2020, p.2）。このことから競合するLCCは強みの一つである直航便の利便性が発揮できず

---

4)　1944年の「国際民間航空条約（シカゴ条約）」において関係国の合意が得られなかったことによって策定された他国の領空内で外国民間航空会社が享受できる「空の自由（Freedoms of the Air）」の一部。第5の自由（自国発着の経由地である外国の空港で旅客・貨物を搭降載する自由）、第6の自由（自国経由で他国と第三国向けの旅客・貨物を輸送する自由）、第7の自由（他国と第三国の間で旅客・貨物を輸送する自由）の3つの自由を指す。第6の自由については一部を除いて一般的に認められているが、外国民間航空会社が第5及び第7の自由を行使できるか否かはその外国民間航空会社の旗国と受入国の航空協定に拠る。なお、当箇所では第5または第7の自由について述べている。

5)　米国の入国管理及び税関の手続きを米国向けフライト搭乗前に行うことができる制度。2022年11月30日現在で6か国15空港で実施されている（U.S. Customs and Border Protection 公式ウェブサイト https://www.cbp.gov/travel/preclearance に拠る。2022年11月30日参照）。

採算性の面では苦戦を強いられている。しかし、AirbusA321neoLR 型機や Boeing737MAX 型機のような長距離ナローボディー機材の登場が小さな市場規模の路線への直行便就航を可能とし、ゲームチェンジが発生する可能性もある（丹治 2019, p.28）。

　また、欧州にはイージージェットやライアンエアーなどの大手短距離 LCC があり、米国にもサウスウエスト航空やジェットブルーなどの大手短距離 LCC があるにもかかわらず、それらが北大西洋路線の中長距離 LCC 市場に進出してくる動きはない。これらの航空会社は中長距離 LCC 事業に進出するメリットを見出していないためである（丹治 2019, p.28）。ジェットブルー航空を除いてはこれらの航空会社は座席指定を行わない、スナックとドリンク以外のミールサービスはプリオーダーが必須など中長距離路線のハンドリング上ソフト・ハード両面で超えるべきハードルが大きい。そのことが中長距離路線への進出を躊躇する主要な原因の一つとなっている。

7－4－3. 欧州・アジア路線

　欧州・アジア路線の平均的な飛行時間は約 13 時間弱、距離にして 6000 浬強である。東南アジア地域の経済成長にもかかわらず、この路線の中長距離 LCC シェアは非常に低く、投入生産量シェアは 2 ％程度で、運航頻度も非常に低い（丹治 2019, p.28）。

　この路線の特徴としては東南アジア地域や中東地域にハブを置く FSC が多くの接続便サービスを提供していることがあげられる。東南アジア地域にハブを置く FSC は自社のハブと欧州のアライアンスパートナーのハブ間に座席数の多い大型機材で就航し、高イールドの旅客だけで埋めることができなかった余剰の座席を低価格で販売して中長距離 LCC の低価格に対抗している。また、中東地域にハブを置く FSC は産油国であるメリットを活かして、高サービスレベルでありながらも低価格なサービスを市場に供給している（De Poret 2015, p.273）。

　また、この路線の競争構造は非常に複雑で、各国を結ぶ直行便サービスを提供する航空会社以外にも欧州側・アジア側双方で乗継便サービスを提供する航空会社が多数あり、地理的に中間地点である中東地域にも乗継便サービ

スを提供する航空会社が多く存在する。そのため、各航空会社間での競合に対する熟知が深まらず、自制が働きにくくなり、航空会社間の競争は苛烈になる傾向がある。

また、この路線は路線距離が長いため、コストの中で燃油費の占める割合は非常に高い。そのため、燃油価格の影響を非常に強く受ける路線であるといえる。前述のように中長距離 LCC は燃油価格の影響を強く受けるビジネスモデルであるため、この長距離区間での安定的な収益を期待することは難しい。

これらのことからエアアジア X によるクアラルンプール・ロンドン線、ノルウェーエアシャトル航空によるバンコク・ストックホルム線などのように、この路線に就航する LCC は同じ路線を運航し低価格を提供する FSC との熾烈な競争の中で参入と撤退を繰り返している（De Poret 2015, p.273）。

7−4−4. LCC の成立する路線

本節では現在までに中長距離 LCC が就航した実際の路線について前節で議論した成立要件と路線の地理的・市場的条件を検証した。中長距離 LCC のビジネスモデルは適用可能な地理的・市場的要件があり、その要件に当てはまらない場合には持続的な発展は勿論のこと、路線の維持すら不透明となる。その地理的・市場的要件とは以下のようになる。

第 1 の条件としては路線距離があまり長くないことである。LCC のビジネスモデルは一言で言えば管理可能コストの削減を原資にした低価格戦略である。そのため、コストの中の管理不可能コストの割合が大きくなれば低価格戦略を取るための原資を確保することができない。燃油費用は管理不可能コストであるため燃油費用の総費用に対する割合が高くなる長距離路線に就航することは LCC のビジネスモデル上非常に困難である。

第 2 の条件として FSC と LCC 間でターゲットとする顧客層が明らかに分かれていることである。短距離 LCC では今まで航空機を利用しなかった需要を発掘することができたが、中長距離 LCC ではそのようなことは極めて限定的である（Gillen & Gados 2008, p.26）。そのために中長距離 LCC は FSC から価格弾力性の高い顧客を奪い取らなければならない。FSC から報復を

受けないためには少ない投入生産量で大幅な価格差で市場に参入することが有効である（重谷2019, p.415）。しかし、中長距離LCCは機材性能の関係からある程度の生産量を持つ中型機で参入せざるを得ず、価格差を作る原資となる管理可能コストも短距離LCCに比べて少ない。ジェットスターやスクートについては同じ路線に就航しているFSCが自社の親会社であるため、親会社と子会社間でターゲットとする顧客層を分けることができるが、FSCを親会社に持たない航空会社の場合には顧客層を分けることは難しい。

　第3の条件としては就航路線での競合との競争構造がシンプルであることである。航空旅客運送事業はその商品の性質上在庫不可能であり、貢献利益率が非常に低い収益構造となっている。そのため、価格競争が始まると競合全社が貢献利益の限界まで値下げ競争を行うため、イールドは大幅に低下する。それを避けるためには競合全社が自制を働かせて無理な価格競争を回避する必要がある。競合への熟知は価格競争の自制を促すため、競合への熟知が容易に達成されるシンプルな競争構造を持った市場であることが望ましい。

　第4の条件としては中型機の座席を埋めるに十分な市場規模のある都市に就航可能であることである。LCCのビジネスモデルは乗継旅客を取り込むとイールドが落ちてしまい採算性が悪化する。また、中長距離路線での旅客の自己責任での乗り継ぎは手荷物量やミスコネクションになった時にチケット代が無駄になるリスクがあるなど非常に魅力の低いものとなってしまう。そのために中型機の座席を埋めるのに十分な市場規模のある都市間を結ぶ路線に就航することが非常に重要である。

　第5の条件としては路線の貨物需要が一定度望めることである。中長距離路線を運航する場合にはボーイング787型機やAirbusA330型機などのワイドボディー機材を使用することが必要である。ワイドボディー機材には旅客の受託手荷物以外にも多くの貨物が搭載可能で、出発地の気温や空港要因（滑走路長）などにもよるが約10トンから15トンの航空貨物を搭載できる。航空貨物事業はワイドボディー機材を運航することで発生するバイプロダクツであり、ハンドリングコストが非常に低い上に比較的安定的な収入を得ることができる。路線にもよるものの、中長距離路線では平均的に1トンあた

〈図表7-2〉　中長距離LCCの成立要件

	必要条件	理由	備考
路線距離	飛行時間で9時間程度以内であること。	距離が長くなると総費用に対する燃油費の割合が高くなるため、FSCに対してコスト競争力を持ちにくい。	燃油費は一部の産油国の航空会社を除いてコスト差が発生しない。
ターゲット旅客の区別	FSCとターゲットにする旅客が明確に分かれていること。	FSCからの報復（参入阻止行動）を避けるため。	短距離LCCは他の輸送モードを利用している潜在需要を取り込むことができたが、中長距離LCCでは極めて限定的。
市場の競争構造	シンプルであること。	就航路線に競合が多いと市場が複雑化し、競合間の自制が働きにくくなり、価格競争が激化するため。	乗り継ぎ便を運航するFSCなどが売れ残った座席を低価格で販売する場合もあり、乗継ルートが多い路線は要注意。
就航地の市場規模	直行便需要だけで中型機をほぼ満席にできる程度の市場規模があること。	市場規模が小さい場合には乗継旅客を取り込むことになり、採算が悪化するため。	乗継サービスはハンドリングコストも押し上げてしまう。
航空貨物の取り込み	航空貨物を取り込むことができること。	中長距離LCCにとって安定的な収入源となる。	ワイドボディー機材を運航する上で必ず発生するバイプロダクツ。
短距離LCC/FSCとの連携	短距離LCCを併営するかFSCの傘下に入ること。	管理不可能コストによる損益ボラティリティーをヘッジすることで経営を安定化させるため。	接続旅客の取り込みや整備・運航支援などオペレーション面でもメリット大。

り¥120,000[6]前後の収入になる場合が多いため、中長距離LCCの収入の安定性を得る上で重要な要素となる。

　地理的・市場的条件には該当しないが、第6の条件として短距離LCCを併営することや大手FSCの傘下に入ることも有利に働く。中長距離LCCは

6）2020年3月期ANAホールディング（株）決算資料より著者概算。

燃油価格などの管理不可能コストの影響を受けやすく損益ボラティリティーの非常に高いビジネスモデルである。短距離 LCC を併営することや大手 FSC の傘下に入るなどして事業のリスクをヘッジすることで安定した事業運営が可能になる（丹治 2019, p.39）。また、短距離 LCC の併営や大手 FSC の傘下に入ることで接続旅客の取り込み、運航支援、ブランド価値の向上、グランドハンドリングコストの削減、整備コストの削減、航空機調達コストの削減などの効果も期待できる。

7−5. 中長距離 LCC の将来と本邦での可能性（第 7 章のまとめにかえて）

　中長距離 LCC は管理不可能コストの影響を受けやすい損益ボラティリティーの非常に高いビジネスモデルである。このような中でも JAL グループが ZIPAIR Tokyo を設立し、中長距離 LCC 事業に参入しようとしている。JAL が中長距離 LCC 事業に参入する目的は首都圏空港のオープンスカイ化によって以遠権を行使して日本発路線に参入してくる外国中長距離 LCC への対策、イベントリスク発生時のビジネスリスク分散、低価格指向の旅客にも対応しているというブランドイメージ改善を狙ったものである（丹治 2019, p.39）。また、2010 年代に ANA グループが設立した APJ の成功などによって短距離 LCC 市場に既に参入余地が無くなってしまっていることも中長距離 LCC 市場に進出した動機の一つであると思われる。前節で導き出した LCC の成立要件からして JAL の中長距離 LCC は持続可能か否かを要素ごとに分析し、本章の結論にかえたいと思う。

　まず、第 1 の条件としての路線距離である。2018 年 5 月 14 日付「日本航空株式会社プレスリリース第 18017 号」によると 2020 年サマースケジュールからアジア・欧米向け中長距離路線に就航する計画で ZIPAIR Tokyo は設立されている。コロナ禍の影響により 2020 年 9 月現在では東京（成田空港）・ソウル路線と東京（成田空港）・バンコク線に貨物のみを搭載して就航していたが、現在は旅客輸送も開始し、東京（成田空港）・ホノルル線と東京（成田）・シンガポール線にも就航している。将来は東京（成田空港）・欧州路線、太平洋路線などに就航していくことが計画されている。東京（成田空港）・ホノルル間の飛行時間は約 8 時間（偏西風の影響で往路と復路の飛行時間

には1時間強の差異が発生する)、路線距離は約4000浬で比較的長距離な路線
となる。また、太平洋路線となると西海岸行きが飛行時間で10時間弱、路
線距離は5500浬、東海岸となると飛行時間で約13時間弱、路線距離は約
7000浬弱となる。東京・欧州路線も東海岸路線とほぼ同様の距離となる。
アジア路線以外はLCCビジネスの安定性から見ると長すぎる路線となるた
め、アジア路線とホノルル路線にできる限り集中して欧米路線の比率を下げ
ることが経営安定のポイントとなるであろう。

　第2の条件に関してはFSCとLCC間での顧客層の棲み分けであるが、
ZIPAIR TokyoはJAL傘下の会社であるため親会社であるJALとの顧客層の
棲み分けは問題なく行われている。JALの国内の競合であるANAについて
は中長距離路線に使用している機材はいずれもJALと同様に上級クラス比
率の高い機材であることと、都心に近い羽田空港からの発着枠を多く持って
いるため直行便需要はZIPAIR Tokyoが就航する成田空港ではなく羽田空港
を中心に集客することになるため顧客層の競合は限定的であると思われる。
問題となるのは外航FSCで、低需要期を中心に顧客層の競合が発生すると
思われる。

　第3の条件である競合との競争構造であるが、ソウル路線はLCCも多く
就航し競争構造が複雑であるが、短距離路線であるうえに機材繰り上げ発生
した余剰機材を利用しているため大きな問題ではない。バンコク路線やシン
ガポール路線ともに競争構造は比較的単純である。拠点空港となる成田空港
の状況から判断すれば、韓国の仁川空港の存在が問題となり得る。欧州路線
の場合にはまさにルート上の空港になり乗継時間を考慮してもさほど大きな
差異が発生しない。また、太平洋路線についても乗継時間を含めて3〜4時
間程度のロスにしかならないため、価格指向の強い旅客にとっては値段さえ
安ければさほど気にならない距離となる。また、仁川空港を拠点とする韓国
系航空会社は欧州・米州に大型機を就航させており、直行便需要で売れ残っ
た座席を低価格で販売することは過去にも例がある。また、韓国系航空会社
はもともと日本市場をターゲットとしたマーケティング戦略を持っているた
めバンクも日本発着路線に合わせて設定されている。このことからも仁川空
港経由便との所要時間差が大きいアジア路線の比率を上げていくことが重要

となる。また、ホノルル路線は競合が多いものの、実質上は乗継ルートは存在せず、他のLCCも参入していない。このことからもホノルル路線の比率を上げることも重要となるであろう。

第4の条件についてはZIPAIR Tokyoの拠点は首都圏であるために海外側の就航地がそれなりの市場規模を持っている限り中型機を十分な搭乗率にするだけの需要がある。そのため、この条件については問題ないかと思われる。

第5の条件については現在就航しているソウル、バンコク、シンガポールは航空貨物の地域の集積地であり貨物需要は非常に多い。また、ホノルルについてもホノルル経由で米国国内線を利用して米国主要都市に航空貨物を運送するためのハブとなっているために多くの貨物需要がある。貨物の集荷については親会社であるJALの貨物営業部門に委託可能であるため、大きな問題にならないと思われる。

第6の条件についてはZIPAIR TokyoはJALの傘下にあるため条件を満たしていると言える。実際にZIPAIR Tokyoが使用する機材はJALが以前使用していたものであり、調達コストは非常に低い。また、グランドハンドリング、運航支援、整備のみならず運航乗務員や客室乗務員の教育などにもJALの施設や人員が利用可能である。

以上の条件からZIPAIR Tokyoの事業持続性の可否は、アジア地域向け中距離路線の比率をどこまで上げられるかにかかっているように思われる。アジア圏で十分な市場規模を持ち短距離LCCが機材性能的に就航できない都市にどれだけ就航できるかが事業継続性のポイントとなるであろう。

第 8 章

結論と今後の課題

第8章：結論と今後の課題

　本研究では資本力、ブランド力、市場シェアなどに圧倒的な差がある先発企業と後発企業の間の競争（非対称競争）における後発企業の競争戦略を、航空旅客輸送事業における FSC と LCC の例を用いて検証した。非対称競争市場では後発企業が先発企業に「追いつき・追い越す」という戦略目標はそもそも存在せず、後発企業の戦略目標は「ビジネスを持続する」ということになる。本章では本研究の結論をまとめ、本研究の問題点及びそれに関連する今後の課題を述べる。

8－1.　本研究のまとめ

　本研究の目的は航空旅客輸送事業の例を用いて非対称競争下の後発企業の最適な競争戦略を探ることである。「非対称競争」とは航空業界のように寡占化が進行した業界に頻繁に発生する市場環境で、資本力、ブランド力、技術力、市場シェアなどで先発企業が一方的に優勢で後発企業の生殺与奪権を握っている状態である。そのような状態では通常の市場環境での競争上の優位が必ずしも優位になるとは限らず、逆に競争上の劣位が必ずしも劣位になるとは限らない。本研究では航空旅客輸送事業における LCC と FSC の競争を事例として、非対称競争下で後発企業が持続的にビジネスを継続していくために必要な「非対称競争下での競争優位」を導き出し、後発企業のとるべき競争戦略を提案した。

　航空業界のような非対称競争下の市場においては後発企業が先発企業に正面から対抗することは非常に難しい。大きな資本力と市場シェアを持つ先発企業の参入阻止行動に対して後発企業はほぼ無力に近いからである。そのため、後発企業にとって重要なことは先発企業からいかに参入阻止行動を受けないかである。先発企業の参入阻止行動を回避する最善の方法は、先発企業にとって参入阻止行動をとる価値がない存在になることである。本研究で明らかにされていることは、先発企業と明らかに顧客層の違う商品で、先発企業が取り込みたいとも思わない低価格を求める顧客層を取り込んでいくことである。また、初期段階では需要に対して控えめな生産量を投入し先発企業

の顧客を積極的に奪い取らないことである。大手先発企業にはフルライン戦略をとる上で死守せねばならない既存の顧客ニーズがあるが故に対応できない顧客ニーズも存在する。LCC はその顧客ニーズを取り込んでいくことで大手先発企業と Win-Win の関係とまではいかなくとも敵対して参入阻止行動を取られるような関係になることを避けることはできる。また、大手先発企業にとっても LCC がローエンドの顧客ニーズに対応することで、高収益な顧客に集中することが可能となり ROI を上げることができる。このように多様な顧客ニーズを大手先発企業とともに分担して対応していくことで、LCC が得意とする顧客ニーズを最大限に取り込んで欧州のように発展していく可能性も大いにある。

　非対称競争という特殊な環境下においては、一般的に有利な競争条件とされているものが必ずしも有利に働くとは限らない。2000 年前後に新規参入した航空会社は羽田の昼間帯発着枠という絶対的に有利な経営資源を就航時に政策的に与えられたが故に全て自主経営を断念せざるを得ない状況になった。その一方で、関西国際空港の発着枠という競争条件としてどう考えても不利な条件を就航時に与えられた航空会社はコロナ禍までは持続的に発展を続けてきた。もちろん、不利な条件を与えられた航空会社の経営努力もあったことは否定できないが、先発大手企業に脅威と認識されなかったということが最大の成功の要因であった。

　2000 年前後に新規参入した航空会社はいずれも競争促進策として特権的に与えられた羽田空港昼間帯発着枠をフルに活かして過大な生産量でドル箱路線に参入した。また、一般的に採算が取れないとされているローカル路線を運航する使命も付与されなかった。それらの航空会社は採算性の高い路線だけを運航して不採算路線は持たないため、規模は小さいながらも大手先発企業に抗えるような十分な競争力を持つ航空会社が生まれたはずであった。しかし、それらの航空会社はその強みのために大手先発企業との競争を招き、先発企業の参入阻止行動に屈する形で自主経営を諦めることとなった。このように、2000 年前後に新規参入した航空会社は羽田空港昼間帯発着枠というプラチナカードを与えられてしまったために先発大手企業に脅威と認識されてしまい、参入阻止行動の対象となった。つまり、本来、コアコンピ

テンスとなるはずであった経営資源が経営破綻の原因になってしまったのである。

2000年前後に新規参入した航空会社はSKYを除けば全て地元資本や自治体が出資者として設立されている。そのため、地元と東京の交通の利便性を向上させ大手先発企業の寡占状態にあって硬直化した航空運賃を下げるという使命のもとに設立された面も非常に大きい。短期的に見れば「航空運賃を下げる」という目的だけは達成されたかもしれないが、全ての航空会社が大手先発企業の傘下に入ってしまった以上は、その状態が持続的であるかどうかは極めて疑わしい。

航空業界のみならず、市場に新規参入する後発企業の大半は先発企業よりも経営資源に乏しい場合が多い。また、後発企業の参入に対して先発企業が自身の優位性をもとに参入阻止行動をとることも決して稀ではない。本研究が経営資源の豊かさが必ずしも戦略的優位につながるとは限らないことを示すことができていれば幸甚である。

8-2. 本研究の今後の課題

本研究では非対称競争下においては後発企業にとっては一般的に優位となる経営資源が必ずしも優位になるとは限らないことを航空旅客輸送事業の例をもとに証明した。つまり、非対称競争下においては後発企業は優位となる経営資源を持つことよりも大手先発企業から脅威と認識されないポジショニングを確立して、先発大手企業との正面競争を避けることが生存競争に生き残る策であることを示した。しかし、本研究の分析や検証においてもいくつかの問題点があり、今後の課題となっていることは以下の通りである。

まず、本研究で提示した理論やモデルは航空旅客輸送事業に特化したものであり、他の業種に適用可能であるか否かは今後の検証が必要である。本研究で提示した理論やモデルは全体投入生産量には上限があること、生産物は在庫できないこと、投入生産量の調整が困難であることが前提となっている。そのため、製造業は勿論、他のサービス業への適用についてもモデルや理論のリバイスが必要になると考えられる。航空旅客輸送事業だけではなく他の業界への適用も可能なモデルへの発展については、取引形態などが大幅

に違うために一般化は不可能であった。しかし、本研究でのモデルや理論を発展させた上で、運送業や宿泊業に適用することについては、ある程度可能であるかと考えられる。

　また、本研究では基本的に本邦国内線航空輸送事業のケースのみを扱っている。LCC は日本のみならず世界各地で就航しているが、本研究ではデータの取得可能性の観点から本邦の国内線航空会社のケースのみを扱っている。また、国際線については直行便だけではなく、乗継などの要素もあり信頼できるデータの入手が非常に難しい。また、新興国などでは航空関連の法整備などが進んでいないことも多く、理論的に証明できない要素が大きい。そのため、本研究では基本的に本邦の国内線の航空旅客輸送事業のみを扱うこととした。海外および国際線航空輸送事業については第 2 章で概要を紹介することと第 7 章で中長距離 LCC の可能性で扱うのみにとどめた。

　我が国の国内線航空旅客輸送事業にとって最大の競争相手は高速鉄道とされている。また、高速鉄道以外に在来線鉄道網、フェリー、高速バス、自家用車などの他の輸送モードも国内線航空旅客輸送事業にとっては競合となる。特に本邦では鉄道網（高速鉄道・在来線）や高速道路網が発達しており、長距離フェリーも存在する。その中で鉄道、高速バスや自家用車などの陸上長距離移動手段は国内長距離移動において大きな役割を果たしており、航空の役割はむしろ小さい。国土交通省による「第 6 回（2015 年）全国幹線旅客純流動調査」によると、通勤・通学を除いた都道府県を超える移動において航空輸送が担う割合は人数ベースで僅か 4.69 ％[1] に過ぎない。このように航空輸送が担う割合は比較的小さいといえる。しかし、本研究では航空会社間の競争だけにフォーカスし、高速鉄道など他の交通手段との競争は考慮していない。一方で、国内長距離移動（300km 以上）において航空が担う役割は人数ベースで 500km 未満では 2 ％、500 ～ 700km では 12 ％、700 ～ 1000km では 43 ％、1000km 以上で 87 ％であった。このように距離とともに航空輸送が担う役割は増加していく。本研究で扱った事例は東京・札幌線、東京・宮崎線、大阪・札幌線などの陸上長距離移動交通手段があまり現

---

1) 国土交通省「第 6 回（2015 年）全国幹線旅客純流動調査」より著者算出。

実的ではない路線を対象としているため、他の輸送モードの影響は極めて限定的と考えられる。しかし、本研究で提示したモデルを東京・大阪路線、東京・岡山路線、東京・広島路線などの東海道・山陽新幹線と航空が競合する区間に適用する場合には、高速鉄道という要素も入れる必要性が出てくると思われる。

また、旅客航空輸送事業は国土交通省からの強い規制・監督のもとに行われている許認可事業である。規制緩和が進んでいるとはいえ、交通政策の一環として国土交通省による市場への介入はある程度存在する。しかし、本研究では市場への政策的介入については発着枠が 2000 年前後に新規参入した航空会社へ優先分配されたこと以外については特に扱っていない。規制当局からの市場への介入は直接的なものだけではなく、航空会社に対して非公式に行われる所謂「窓口規制」も存在する。そのため、それらを全て網羅することは非常に困難であり、その効果を事前に予測することは不可能である。本研究では航空会社に対して規制当局が公式（公式記録にされている）に行った市場介入を除いては特に取り扱わないこととしている。

本研究では ADO、SNA、APJ の 3 社の後発航空会社の事例を紹介している。その 3 つの事例を以て理論がカバーする範囲を検討できているのかという議論もあり得ると考えられる。しかし、航空旅客輸送事業自体が事業者数の少ない業界であり、コロナ禍前の本邦においても定期便を運航する航空会社は大手航空会社の運航子会社を含めて 17 社である[2]。また、一つの路線には最大 4 社しか参入していない。このような事情から多くの事例を扱うことは難しく、典型的な事例である 3 社を扱うこととした。この 3 社を選択した要因は検証対象とする時期において多くの路線を運航しておらず、比較対象が比較的容易であったためである。航空会社は本研究内でも述べたように非常によく似たコスト構造をしている。そのため、これら 3 社の航空会社の事例を以て他の路線の分析にもある程度適用できると考えている。

本研究で使用しているデータは国土交通省航空局の統計と航空会社各社のプレスリリースなどオープンソースとなっている二次データを中心に扱って

---

2) OAG Max Database, Sep. 2019 に拠る。

おり、著者独自で収集した一次データをほとんど使用していない。国土交通省の航空産業に関する統計は信頼性の高いものであり、内容に関しても詳細であった。このことから、一次データの収集は行わず、二次データを中心に研究を進めていくこととした。航空会社が提供するサービスは非常に単純なサービスであるため、二次データをもとにした研究であっても十分に信頼性を担保できると考えられるからである。

　最後に、本研究を進めるにあたっては実務にも応用できる理論構築を目指した。そのため、導き出したモデルに使用する要素は全てオープンソースとなっているものや比較的容易に入手できるもののみを使用することとした。そのため、モデルが大幅に単純化されたものになっている。オープンソースとなっていない要素や極めて入手困難なデータを要素とすることでモデルの正確性が上がることも考えられるが、実務に応用できる理論構築という観点からは入手できないデータを要素とすることは本末転倒となってしまう。また、オープンソースとなっていないデータや入手不可能なデータはそのデータ自体の信頼性にも疑問が生じる。モデルの正確性とデータの入手可能性はトレードオフの関係となるが、その最適均衡点として本研究では「実務にも応用可能なように業界関係者であれば誰にも入手可能なデータ」という点を採用した。また、データの収集にあたっては前述の国土交通省航空局の統計や航空各社のプレスリリースだけでなく、業界誌や新聞記事などで事実関係を確認するなどして、正確性の担保に努めた。

　これらの課題については今後の研究の中で克服していかねばならないが、本研究の根幹を揺るがすものではないと考える。本研究では旅客航空輸送事業の事例をもとに非対称競争下における後発企業の競争戦略を明らかにしてきたが、この課題は本研究で完全に結論づけられるような容易なものではなく、あくまでその研究のマイルストーンに過ぎない。それらの課題は今後の著者の研究の中で明らかにしていきたいと考えている。

参考文献

Baker, D. (2013). "Service Quality and Customer Satisfaction in the Airline Industry: A Comparison between Legacy Airlines and Low-Cost Airlines", *American Journal of Tourism Research*, 2 (1), 67 – 77.

Bantel, K. (2006). High Tech, High Performance: The Synergy of Niche Strategy and Planning Focus on Technological Entrepreneurial Firms, in Dalgic, T. (Ed.). *Handbook of Niche Marketing: Principles and Practice*. 129 – 158. Psychology Press.

Baumol, W. J., & Willig, R. D. (1981). Fixed Costs, Sunk Costs, Entry Barriers, and Sustainability of Monopoly. *The Quarterly Journal of Economics*, 96 (3), 405 – 431.

Barney, J. B. (2002). *Gaining and Sustaining Competitive Advantage*. Prentice Hall.

Baum, J. A., & Korn, H. J. (1999). Dynamics of Dyadic Competitive Interaction. *Strategic Management Journal*, 20 (3), 251 – 278.

Bernheim, B. D., & Whinston, M. D. (1990). Multimarket Contact and Collusive Behavior. *The RAND Journal of Economics*, 21 (1), 1 – 26.

Bhagwati, J. N. (1970). Oligopoly Theory, Entry-Prevention, and Growth. *Oxford Economic Papers*, 22 (3), 297 – 310.

Boulding, W., & Christen, M. (2001). First Mover Disadvantage. *Harvard Business Review*, 79 (9), 20 – 21.

Chen, M. J., & Miller, D. (1994). Competitive Attack, Retaliation and Performance: an Expectancy‐Valence Framework. *Strategic Management Journal*, 15 (2), 85 – 102.

David Mc A, B. (2013). Service Quality and Customer Satisfaction in the Airline Industry: A Comparison between Legacy Airlines and Low-Cost Airlines. *American Journal of Tourism Research*, 2 (1), 67 – 77.

Diaconu, L. (2012). The Evolution of The Low-Cost Airlines between 2000 and 2011. Comparative Analysis across American and European Low Cost Carriers, *Annual of Bucharest University, Economics and Public Administration*, 6, 115 – 128.

Doan, R. J., & Simon, H. (1996). *Power Pricing*. Simon and Schuster.

Doganis, R. (2005). *Airline Business in the 21st Century*. Routledge.

Gilbert, R. J., & Newbery, D. M. (1982). Preemptive Patenting and the Persistence of Monopoly. *The American Economic Review*, 72 (3), 514 – 526.

Judd, K. L. (1985). Credible Spatial Preemption. *The RAND Journal of Economics*, 12 (2), 153 – 166.

Jayachandran, S., Gimeno, J., & Varadarajan, P. R. (1999). The theory of Multimarket Competition: A Synthesis and Implications for Marketing Strategy. *Journal of Marketing*, 63 (3), 49 – 66.

Kalyanaram, G., Robinson, W. T., & Urban, G. L. (1995). Order of Market Entry: Established Empirical Generalizations, Emerging Empirical Generalizations, and Future Research. *Marketing Science*, 14 (3), G212 – G221.

Kotler, P., & Keller, K. (2011). *Marketing management 14th edition*. Prentice Hall.

Heskett, J. L. (1986). *Managing in the Service Economy*. Harvard Business School Press.

Labini, P. S. (1969). *Oligopoly and Technical Progress* (Vol. 119). Cambridge: Harvard University Press.

Larsson, R., & Bowen, D. E. (1989). Organization and Customer: Managing Design and Coordination of Services. *Academy of Management Review*, 14 (2), 213 – 233.

Levitt, T. (1972). Production-line Approach to Service. *Harvard Business Review*, 50 (5), 41 – 52.

Levitt, T. (1976). The Industrialization of Service. *Harvard Business Review*, 54 (5), 63 – 74.

Lieberman, M. B. (1990). Exit from Declining Industries:"Shakeout" or "Stakeout"?. *The RAND Journal of Economics*, 21 (4), 538 – 554.

Lieberman, M. B., & Montgomery, D. B. (1988). First Mover Advantages. *Strategic Management Journal*, 9 (s1), 41 – 58.

Martins, M., & Monroe, K. B. (1994). Perceived Price Fairness: A New Look at an Old Construct. *ACR North American Advances,* 21, 75 – 78.

Milgrom, P., & Roberts, J. (1982). Predation, Reputation, and Entry Deterrence. *Journal of Economic Theory*, 27 (2), 280 – 312.

Monroe, K. B. (1990). *Pricing: Making Profitable Decisions*. McGraw-Hill College.

Morrell, P. (2008). "Can Long-haul Low-Cost Airlines be Successful?", *Research in Transportation Economics,* 24, 61 – 67.

Nagel, T.T. (1987). *The Strategy & Tactics of Pricing*, Englewood Cliffs: Prentice Hall.

Nokhaiz, T. K., Kim, J., Jung, G., Park, J., and Kim, Y. B. (2017). Competition Analysis of Low Cost Carriers and Full Service Carriers of South Korean Airline Industry: A Lotka Volterra approach for Jeju Island Travelers, *Proceedings of the 2017 International Symposium on IEOM*, 10 – 17.

Oliver, R. L. (1980). A Cognitive Model of the Antecedents and Consequences of Satisfaction Decisions. *Journal of Marketing Research*, 17 (4), 460 – 469.

Oliver, R. L. (1997). *Satisfaction*. McGraw-Hill.

Penrose, E. T. (1959). *The Theory of the Growth of the Firm*. Oxford University Press.

Porter, M.E. (1980). *Competitive Strategy: Techniques for Analyzing Industries and Competitors*, Free Press.

Porter, M. E. (1997). *Competitive Strategy. Measuring Business Excellence*, Free Press.

Prahalad, C. K., & Hamel, G. (2009). The Core Competence of the Corporation. in Michael H. Zack, M. H. (Ed.). *Knowledge and Strategy*. 41 – 59. Routledge.

Rao, A. R., Bergen, M. E., & Davis, S. (2000). How to Fight a Price War. *Harvard Business Review*, 78 (2), 107 – 120.

Renehan, D. & Efthymiou, M. (2020). "Transatlantic Market Competition Between Hybrid Carrier and Long-Haul Low-Cost Carrier Business Models", *Journal of Aerospace Technology and Management,* 12, 1 – 16.

Renold, M., Kuljanin, J. & Kalic, M. (2019). "The Comparison of Financial Performance of Airlines with Different Business Model Operated in Long Haul Market", *Transportation Research Procedia,* 43, 178 – 187.

Ritzer, G. (1996). *The McDonaldization of Society*. SAGE Publications, Inc.

Robert, J. and Hermann, S. (1996). *Power Pricing*, New York: Free Press.

Rust, R. T., Inman, J. J., Jia, J., & Zahorik, A. (1999). What You Don't Know About Customer-Perceived Quality: The Role of Customer Expectation Distributions. *Marketing Science*, 18 (1), 77 – 92.

Shaw, S. (2016). *Airline Marketing and Management*. Routledge.

Shelling, T. (1960). *The Strategy of Conflict*, Harvard University Press.

Shigetani, Y. (2021). Theoretical Background of LCC Operation. *EATSJ - Euro-Asia Tourism Studies Journal*, 2, 1 – 22.

Smith, W. R. (1956). Product Differentiation and Market Segmentation as Alternative Marketing Strategies. *Journal of Marketing*, 21 (1), 3 – 8.

Soyk, C., Ringbeck, J. & Spiner, S. (2017). "Long-haul Low Cost Airlines: Characteristics of the Business Model and Sustainability of its Cost Advantages", *Transportation Research Part A,* 106, 215 – 234.

Soyk, C., Ringbeck, J. & Spiner, S. (2018). "Revenue Characteristics of Long-haul Low Cost Carriers (LCCs) and Difference to Full Service Network Carriers", *Transportation Research Part E,* 112, 47 – 65.

Spence, A. M. (1981). The Learning Curve and Competition. *The Bell Journal of Economics*, 12 (1), 49 – 70.

Stigler, G. J.（1968）. *The Organization of Industry*. Richard D. Irwin.

Teece, D. J.（1986）. Profiting from Technological Innovation: Implications for Integration, Collaboration, Licensing and Public Policy. *Research Policy*, 15（6）, 285 – 305.

Telser, L. G.（1966）. Cutthroat Competition and the Long Purse. *The Journal of Law and Economics*, 9, 259 – 277.

United States Ministry of Transportation（2020）*Air Travel Consumer Report*（https://www.transportation.gov/sites/dot.gov/files/2020-02/February%202020%20ATCR.pdf）Retrieved 09. November. 2021

Vashisht, K.（2005）. *A practical Approach to Marketing Management*. Atlantic Publishers & Dist.

Whyte, R. & Lohmann, G.（2015）. "Low cost Long-haul Carriers: A Hypothetical Analysis of a 'Kangaroo Route'", *Case Studies on Transport Policy,* 3（2）, 169 – 165.

Zeithaml, V. A., Berry, L. L., & Parasuraman, A.（1996）. The Behavioral Consequences of Service Quality. *Journal of Marketing*, 60（2）, 31 – 46.

Zeithaml, V. A., Bitner, M. J., & Dremler, D.（1996）. *Services Marketing, International edition*. New York, NY and London: McGraw Hill.

赤井伸郎・横見宗樹・宇佐美宗勝（2011）. 航空交通研究会研究レポート（69）韓国における LCC 育成と地方活性化に関する自治体の役割. Kansai 空港レビュー，（395）, 18 – 20.

赤井奉久・田島由紀子（2012）.「格安航空会社」の企業経営テクニック―「超低コスト化」と「多数顧客の確保」の方法論―. TAC 出版 .

淺羽茂（2004）. 経営戦略の経済学（p.238）. 日本評論社 .

淺羽茂（1991）. 下位企業の競争優位維持可能戦略：新製品のポジショニングについて. 學習院大學經濟論集, 28（2）, 1 – 21.

上田隆穂（1995）. 価格決定におけるマーケティング戦略. 學習院大學經濟論集, 31（4）, 185 – 208.

上田隆穂（2004）. 消費者における価値と価格. 學習院大學經濟論集, 41（2）, 75 – 88.

遠藤伸明・寺田一薫（2011）. ローコストキャリアにおける経営戦略と費用優位性についての分析. 東京海洋大学研究報告, 7, 31 – 39.

大島愼子（2015）. 航空自由化と LCC の展開：日本型 LCC の課題と考察. 筑波学院大学紀要, 10, 31 – 45.

小熊仁（2010）. 海外交通事情 EU における航空自由化と LCC の展開. 運輸と経済, 70（6）, 59 – 72.

小田切宏之（2001）．新しい産業組織論：理論・実証・政策（p.286）．有斐閣．

小倉高宏（2016）．航空8社新幹線6路線の顧客満足度を分析―国内長距離移動における品質，コスパの利用者評価は？―．日経消費インサイト2016年1月．

久保文克（2016）．後発企業効果をめぐる経営史的考察―マクロ分析と分析フレームワークの構築―．商学論纂, 57（5・6）, 457－513.

栗原誉志夫（2017）．空港市場に変容をもたらすLCCの新成長戦略．三井物産戦略研究所レポート2017年4月．

国土交通省　航空輸送統計年報．

https://www.mlit.go.jp/report/press/kouku04_hh_000195.html（参照　2022年8月12日）

国土交通省　第6回全国幹線旅客純流動調査. https://www.mlit.go.jp/common/001297857. pdf（参照　2022年8月22日）

国土交通省航空局（1999－2019）．特定本邦航空輸送事業に係る情報　平成10～31年度版．国土交通省．

兒玉公一郎（2013）．先行者と後発企業の相互利用―「先行者優位性」の再検討―．組織科学, 46（3）, 16－31.

近藤隆雄（2000）．サービス品質の評価について．経営・情報研究多摩大学研究紀要, 4, 1－16.

JTB（1998）．JTB時刻表　1998年12月版．ジャイティビィパブリッシング．

JTB（2012）．JTB時刻表　2012年3月版．ジャイティビィパブリッシング．

JTB総合研究所（2017）．LCC利用者の意識と行動調査2017．JTB総研研究レポート, 7.

重谷陽一（2018）．低価格航空会社のビジネスモデル．経営戦略研究, （12）, 51－65.

重谷陽一（2019）．寡占市場における参入企業の共存戦略：低価格航空会社（LCC）の市場参入のケース．日本マーケティング学会カンファレンス・プロシーディングス．8, 409－416.

重谷陽一（2020）．非対称競争下における後発企業のプライシング戦略：LCCの参入阻止回避戦略．ビジネス＆アカウンティングレビュー, （25）, 111－128.

重谷陽一（2021）．LCCビジネスモデルの未来展開―中長距離LCCの持続可能性―．観光マネジメント・レビュー, 1, 40－51.

重谷陽一（2022）．非対称競争市場における先発企業の参入阻止戦略―本邦国内線航空旅客輸送事業のケース―．環境と経営, 28（2）, 189－211.

田淵泰男（2009）．日本の主要産業における企業のシェア変動―長期時系列調査―．税務経理協会．

田村正紀（1990）．サービス事業類型化の基礎としての実行構造．国民経済雑誌，161（2），21-36.

丹治隆（2019）．世界の長距離 LCC の現状と成長への課題—国際航空自由化の波に乗り緩やかに成長の可能性—．桜美林論考．ビジネスマネジメントレビュー，10，21-42.

墳崎正俊（2012）．EU における航空「旅客の権利」（passenger's rights）と日本への含意．運輸政策研究，14（4），030-035.

鶴岡公幸（2017）．日系 LCC のビジネスモデル再構築—持続的成長の視点から—．Global Communication Studies ＝グローバル・コミュニケーション研究，（5），149-165.

寺地祐介・荒木大惠（2016）．混雑ハブ空港における地方路線への発着枠配分ルールの検討．交通学研究，59，109-116.

戸崎肇（2008）．航空市場における新規参入企業の経営分析．明治大学社会科学研究所年報，（47），37-38.

永田洋介・河野通子・杉本崇（2005）．「国内航空市場の活性化—新規航空会社参入の視点から—」．東京大学公共政策大学院．

http://www.pp.u-tokyo.ac.jp/graspp-old/courses/2005/40160/documents/DomAirline.pdf （参照　2022 年 8 月 12 日）

野村尚司（2014）．わが国における LCC の事業展開（博士学位論文，埼玉大学）．

野村宗訓（1998）．イギリス航空事業における競争調整手法．経済学論究，51（4），133-147.

野村宗訓・切通堅太郎（2010）．航空グローバル化と空港ビジネス：LCC 時代の政策と戦略．同分館出版．

橋本安男（2006）．ジェットブルー航空社の光と影　その驚異的ローコスト体質の分析とその将来予測．日航財団・航空会社調査レポート 2006 年 3 月，1-3.

橋本安男（2013）．地方航空路線の持続可能性と国・地方自治体・航空会社の施策について（運輸政策研究所第 33 回研究報告会）．運輸政策研究，16（2），81-85.

花岡伸也（2007）．低費用航空会社（LCC）の研究．航空政策研究会，473，51-69.

廣田俊朗（2016）．企業経営戦略論の基盤解明．税務経理協会．

増田辰良（2004）．航空法の改正と競争政策．法学研究，40（3），625-659.

南知恵子（2012）．サービス品質と顧客満足．流通研究，14（2_3），1-15.

村上英樹（2008）．日本の LCC 市場における競争分析　米国 LCC の事例を参考に．日本大学経済学部経済研究所　紀要．38，83-95.

村上英樹・加藤一誠・高橋望・榊原胖夫編（2006）．航空の経済学．ミネルヴァ書房．

森内享・高橋望（2010）．わが国航空輸送市場におけるリージョナル機材の活用とその課題―国内航空ネットワーク維持策―．関西大学商学論集, 55（1）, 93－111.

森藤ちひろ（2009）．マーケティングにおける期待の重要性．経営戦略研究（関西学院大学）, 3, 21－34.

谷地弘安（2012）．「模倣困難性」と「差別化」のマーケティング戦略論理：伝統的「競争地位別マーケティング戦略論」を捉え直す．横浜経営研究, 33（3）, 47－359.

山川龍雄（2000）．SKY 赤字40億円・財務超過・安定飛行へ正念場．日経ビジネス, 60－64.

山路顕（2017）．「LCC ビジネスモデル」の視点から「LCC vs NWC」の様相を検証し展望する―オープンスカイの潮流と航空輸送の業態考察を通して―．日本国際観光学会論文集, 24, 101－109.

山本昭二（2000）．サービス・オペレーションの構造を考慮した戦略分類：低コストオペレーションの可能性．商学論究, 47（5）, 19－38.

リーガス・ドガニス・村上英樹・竹林幹雄・花岡伸也（2015）．LCC 成功の条件（後編）．ていくおふ. 139, 12－21.

〈エアラインコード一覧〉

ICAO	IATA	航空会社名	備考
ANA	NH	全日本空輸株式会社	
JAL	JL	日本航空株式会社	
JAS	JD	株式会社日本エアシステム	JAL に統合
APJ	MM	Peach Aviation 株式会社	
ADO	HD	北海道国際航空株式会社	現：株式会社 AIR DO
SNA	6J	スカイネットアジア航空株式会社	現：株式会社ソラシドエア
SKY	BC	スカイマークエアラインズ株式会社	現：スカイマーク株式会社
SFJ	7G	株式会社スターフライヤー	
JJP	GK	ジェットスタージャパン株式会社	

〈著者略歴〉

重谷陽一（しげたによういち）

PhD., MBA, MA　阪南大学国際学部国際観光学科准教授
1971年5月13日生まれ。大阪市天王寺区出身。
大阪外国語大学（現大阪大学外国語学部）中国語学科卒業後、伊藤忠商事株式会社綿花・綿製品部に勤務。英国ロンドン大学東洋アフリカ研究所（School of Oriental and African Studies, University of London）修士課程及び英国ランカスター大学マネジメントスクール（Lancaster University Management School）MBA課程留学を経て、日本テレコム株式会社（現ソフトバンク）国際事業部に勤務。全日本空輸株式会社（ANA）に転職し、国際貨物事業、韓国駐在、国際旅客事業に携わる。2023年2月に関西学院大学経営戦略研究科にて博士（先端マネジメント）取得。静岡産業大学経営学部教授を経て現職。

阪南大学叢書 131

非対称競争下における競争戦略
―寡占市場でLCCはいかに生き残ったのか―

2025年2月25日　第1刷発行

著　者　重谷陽一
発行者　黒川美富子
発行所　図書出版　文理閣
　　　　京都市下京区七条河原町西南角 〒600-8146
　　　　TEL (075)351-7553　FAX (075)351-7560
　　　　http://www.bunrikaku.com
印刷所　亜細亜印刷株式会社
© Yoichi SHIGETANI 2025
ISBN978-4-89259-965-1